David Bivin und Roy Blizzard jr.
WAS HAT JESUS WIRKLICH GESAGT?

D1732188

Geschenk von Christo + Michael
Zaimer
Wertheim, 17. Mai 1997

David Bivin und Roy Blizzard jr.

# Was hat
# Jesus wirklich gesagt?

*Neue Einsichten
aus einer hebräischen Perspektive*

Leuchter-Verlag eG · Erzhausen

*Unseren Eltern*

*Mr. und Mrs. J. C. Bivin*
*Drumright, Oklahoma*

*Mr. und Mrs. Roy Blizzard sr.*
*Joplin, Missouri*

Titel der Originalausgabe:
UNDERSTANDING THE DIFFICULT WORDS OF JESUS
Übersetzung: Horst Krüger, Aachen
Umschlaggestaltung: Frank Decker, Messel

1. Auflage März 1997

© der deutschen Ausgabe 1997 by Leuchter-Verlag eG, 64390 Erzhausen

ISBN 3-87482-192-7

Gesamtherstellung: Schönbach-Druck GmbH, 64390 Erzhausen

# Anerkennung

Wir sind einer Reihe hervorragender Persönlichkeiten Dank schuldig für ihr Interesse an unserer Forschungsarbeit und ihre Liebe zu den Worten Jesu, so daß dieses Buch herausgegeben werden kann. Ihre Zahl ist groß, und so kann nicht jeder erwähnt werden. Jeder weiß jedoch um seinen Beitrag, und allen gilt unser tiefer Dank.

Dank gilt unseren Ehefrauen, Josa Bivin und Gloria Blizzard, für ihre Geduld und ihre Ermutigung. Sie haben die besondere Last der mit diesem Buch verbundenen Arbeit im vergangenen Jahr willig auf sich genommen und damit die Veröffentlichung des Buches ermöglicht.

Lorne und Earline Blacklock verdienen besondere Erwähnung für ihre Ermutigung und Hingabe in bezug auf Forschungsarbeiten in Israel. Ihre Überzeugung und hingebungsvolle Arbeit haben zur Gründung der Makor Foundation geführt, einer gemeinnützigen Gesellschaft, die sich mit biblischer Forschung beschäftigt und die sich mit dem Center for Judaic-Christian Studies zusammengeschlossen hat. Wir danken Makor und dem Centrum für die Veröffentlichung dieses Buches, das hoffentlich das erste einer Reihe von Büchern ist, um die schwierigen Worte Jesu zu verstehen.

Unser Dank gilt auch Dennis und Georgia Clifton für die vielen Stunden, die sie für die Herausgabe und das Lesen des Manuskripts geopfert haben, Georgia Clifton besonders für das wiederholte Abtippen des Manuskripts und die Vorbereitung der letzten Fassung für den Herausgeber. Ihr Beitrag hat uns viele Stunden Arbeit erspart.

Ganz besonders sind wir Dank schuldig Dr. Robert L. Lindsey und Professor David Flusser, deren Mitarbeit eine neue Ära auf dem Gebiet der Erforschung des Neuen Testaments eröffnet und Jerusalem zum Zentrum für synoptische Forschungen gemacht hat.[1] Vieles, was wir über die Aussprüche Jesu gelernt haben, ist Resultat ihrer bahnbrechenden Arbeit.

Wir sind auch Halvor Ronnig und Brad Young dankbar. Sie sind Mitglieder der Jerusalem School of Synoptic Research (Jerusalemer Schule für synoptische Forschung) und haben zum besseren Verständnis der Evangelientexte beigetragen. Ihre unzähligen Diskussionen über Jahre hinweg mit David Bivin haben in nicht geringem Maße zum Entstehen des Buches beigetragen.

Unsere Dankbarkeit wollen wir auch gegenüber Randall Buth in Mbili, Sudan, aussprechen. Er hat das Manuskript gelesen und eine Reihe wertvoller Vorschläge eingebracht.

Zu tiefem Dank verpflichtet sind wir auch dem Israel Museum und dem Israel Department für Altertümer für die Erlaubnis, Fotos und archäologische Gegenstände aus ihrem Besitz zu veröffentlichen. Ein besonderer Dank geht an Irene Lewitt und Genya Markon von der Foto-Abteilung des Israel Museums für ihre Hilfe bei der Auswahl der Fotos, um den Inhalt des Buches so wirkungsvoll wie möglich darzustellen. Auch an Dr. Magen Broshi, dem Kurator des D. Samuel und Jeane H. Gottesman Centers für Biblische Manuskripte (Schrein des Buches), geht unser Dank für die Zurverfügungstellung von Fotografien aus seinem Archiv von vier Rollen des Toten Meeres und eines Bar-Kochba-Briefes, sowie an Dr. Ya'akov Meshorer, Kurator der Numismatischen Abteilung des Israel Museums, der die jeweiligen jüdischen Münzen als Illustrationen vorschlug.

---

1 Matthäus, Markus und Lukas sind den Gelehrten als „synoptische" Evanglien bekannt.

# Vorwort

Mit Vergnügen empfehle ich dieses Buch allen, die sich näher bekannt machen wollen mit dem, was Jesus am Anfang des christlichen Zeitalters in Judäa und Galiläa sagte und tat. Die Gelehrten David Bivin und Roy Blizzard liefern hier eine Einführung zu den grundlegenden Fragen, wie man sich den Worten Jesu am besten nähert und sie versteht – egal, ob wir uns auf die Übersetzung der treu durch die Kirche erhaltenen griechischen Texte beschränken oder ob wir uns tiefer in die hebräischen Texte hineinarbeiten, die hinter unseren griechischen Texten stehen.

Meine eigene Begegnung mit dem kräftigen Hebraismus der Evangelien Matthäus, Markus und Lukas machte ich vor einigen Jahren, als ich die Gelegenheit hatte, das Evangelium Markus ins Hebräische zu übersetzen. Was gleich zu Anfang meine Aufmerksamkeit erregte, war die sehr hebräische Reihenfolge der Wörter des griechischen Textes von Markus. In der Regel brauchte ich nur die korrekten Entsprechungen zu den griechischen Wörtern zu finden, um dem Text Sinn und Verständnis zu geben. Mit anderen Worten, die Syntax oder Wortverwandtschaften waren so, wie man sie im Hebräischen erwarten würde.

All das erstaunte mich sehr; denn ich erinnerte mich an meine Probleme als Student, als ich klassisches Griechisch studierte und dabei versuchte, Worte von Xenophon, Homer, Aischylos und Platon in die richtige englische Reihenfolge zu setzen. Was hatte ich doch für Schwierigkeiten, diese alten Griechen englisch sprechen zu lassen! Und nun, als ich neutestamentliches Griechisch ins Hebräische übersetzte, fand ich das Griechisch so geschrieben, als wäre es Hebräisch.

Auf jeden Fall gibt es viele andere Hinweise auf die hebräischen Originale unserer Quellen der Evangelien. Ich erinnere mich, wie eine hübsche junge israelische Studentin mir eines Tages die Bedeutung des fremdartigen griechischen Wortes OCHLOI („Volksmengen") wiedergab. Dieses Wort erscheint häufig in den Evangelien, jedoch Studenten und Gelehrte gleichermaßen haben Schwierigkeiten damit, weil die Übersetzung „Volksmengen" sehr selten oder überhaupt nicht mit dem Kontext übereinstimmt.

Während einer Lektion erwähnte ich eines Tages, daß ich den häufigen Gebrauch von OCHLOI nicht verstehe, noch warum er immer wieder im Plural auftrete. „Ah", antwortete diese junge Dame, „das hört sich genau so an, wie die Rabbiner sich ausdrücken, wenn sie in den alten Schriften von der Bevölkerung eines gewissen Ortes sprechen. Das Wort heißt OCHLOSIM (eine Pluralform), besagt aber natürlich nur: „die Leute des Ortes".

Mit großer Wahrscheinlichkeit hatte diese Studentin recht. In der Erzählung von der Befreiung eines besessenen Mannes durch Jesus erzählen sowohl Matthäus als auch Lukas, daß „die ‚ochloi' sich wunderten", als der Dämon aus dem Mann ausfuhr. Es ist klar, daß es nicht „Volksmengen" heißen kann, sondern wie wir heute sagen würden: die „Dabeistehenden".

Sogar bei der Speisung der Fünftausend, wo sowohl Matthäus als auch Lukas wieder gemeinsam sagen, daß die „ochloi" ihm folgten und wo es wirklich eine große Menge war, scheint es besser zu sein, Mt. 14,19 zu übersetzen: „Er befahl den *anwesenden Leuten,* sich niederzusetzen", als „Er befahl den *Volksmengen,* sich niederzusetzen". Und es war ja auch wirklich nur *eine* Volksmenge, nicht mehrere. Ochloi ist einfach die buchstäbliche griechische Wiedergabe eines hebräischen Ausdruckes: OCHLOSIM (die Leute aus der Gegend). Dies ist nur einer der vielen hundert Hebraismen, die versteckt unter der Oberfläche der griechischen Texte der Evangelien Matthäus, Markus und Lukas verborgen liegen.

Die Entdeckung, daß die erste Biographie über Jesus hebräisch geschrieben war, und der Wert, die Worte Jesu hebräisch zu übersetzen, ist das eigentliche Thema des Buches von David Bivin und Roy Blizzard. Sie haben eine seltene und schwierige Aufgabe mit dem Schreiben dieses Buches erledigt, das heißt, sie haben eine Vielzahl „schwieriger Worte Jesu" ins Licht gerückt und Gelehrten und Laien zugleich die Wunder seines Lebens und seiner Lehren geöffnet. Mit Sicherheit werden die Gläubigen überall das Licht willkommen heißen, das man über Jesus, seine Sprache und seinen ihn umgebenden jüdischen Hintergrund erhalten kann. Sie werden keinesfalls enttäuscht sein, wenn sie beharrlich den vielen in diesem Buch angebotenen Fingerzeigen nachgehen.

Dr. Robert L. Lindsey, Jerusalem (Israel)

# Inhalt

# TEIL I

## Kapitel 1

# *Einführung*

Von allen neutestamentlichen Schriften sind ausgerechnet die Worte und Reden Jesu bedauerlicherweise am schwierigsten zu verstehen. Ohne zu wissen, widmen die meisten Christen den größten Teil ihrer Zeit dem Studium der Briefe und vernachlässigen fast ganz die historischen und hebräisch synoptischen Evangelien (Matthäus, Markus und Lukas). Ohne wirklich zu verstehen warum, neigen sie dazu, über die synoptischen Evangelien „hinwegzulesen". Sätze wie z. B. „Glückselig die Armen im Geist, denn ihrer ist das Himmelreich" (Mt. 5,3) klingen so wunderbar und poetisch, doch teilen sie dem deutschen Leser die wirkliche Tiefe der Bedeutung mit?

Warum sind die Worte Jesu, die wir in den synoptischen Evangelien finden, so schwer zu verstehen? Die Antwort darauf lautet, daß das ursprüngliche Evangelium, das die Grundlage für die synoptischen Evangelien geliefert hat, zuerst nicht in der griechischen, sondern in der hebräischen Sprache mitgeteilt wurde. Das bedeutet, daß wir deutsche Übersetzungen eines Textes lesen, der selbst eine Übersetzung ist. Da die synoptischen Evangelien von einem ursprünglich hebräischen Text ausgehen, werden wir laufend in hebräische Ausdrücke oder idiomatische Redewendungen hineingebracht, die in Griechisch oder in Übersetzungen aus dem Griechischen völlig bedeutungslos sind.

Je hebräischer die Rede oder Lehre Jesu, desto schwieriger können wir sie verstehen. Aber genau diese in Hebräisch gehaltenen Lehren sind oft die stärksten und bedeutendsten. Die Schwierigkeit entsteht, weil viele der Reden Jesu eigentlich mit hebräischen Idiomen durchsetzt sind. Eine idiomatische Redewendung ist „ein Ausdruck im Gebrauch der Sprache, der in sich selbst eine Besonderheit darstellt, und zwar entweder in seiner grammatikalischen Konstruktion oder in einer Bedeutung, die nicht unbedingt als ein Ganzes von den zusammenhängenden Bedeutungen seiner Elemente abgeleitet werden kann."[1] Einige Beispiele solcher idiomatischer Redewendungen sind: „Zeit totschlagen" oder „in die Luft gehen" oder „wurmen". Viele seiner Redewendungen, die Jesus in seinen Lehren verwandte, können nur dann verstanden werden, wenn sie in einem hebräischen Kontext richtig interpretiert werden.

David Bivin erzählt seine Erfahrungen wie folgt:

> „Ich begann meine Bibellese als Teenager. Damals hatte ich große Schwierigkeiten, die Worte Jesu zu verstehen. So notierte ich mir Ausdrücke Jesu wie z. B. „denn wenn man dies tut an dem grünen Holz, was wird an dem dürren geschehen?" (Lk. 23,31)[2] oder „aber von den Tagen Johannes des Täufers an bis jetzt wird dem Reich der Himmel Gewalt angetan, und Gewalttuende reißen es an sich" (Mt. 11,12)[3].
>
> Nun stelle man sich einen Teenager vor, der versucht, Sinn in folgenden Ausdruck zu bringen: „Ich bin gekommen, Feuer auf die Erde zu werfen, und wie wünschte ich, es wäre schon angezündet!" (Lk. 12, 49-50)[4]. Ich fragte dann meinen Pastor, meine Lehrer oder Seminarprofessoren, die uns besuchten, über die Bedeutung solcher Bibelstellen und empfing jedesmal die einfache Antwort: „Ja mein Junge, lies mal schön weiter. Die Bibel legt sich selbst aus."
>
> Die Wahrheit ist doch, daß man die Bibel immer und immer wieder lesen kann und daß sie einem doch nicht die Bedeutung dieser schwierigen Stellen erklärt. Sie können nur verstanden werden, wenn man

sie ins Hebräische zurückübersetzt! Mein Pastor und
meine Lehrer hätten mir raten sollen: „Mein Junge,
lerne Hebräisch! Es handelt sich um hebräische Ausdrücke oder Redewendungen, die nur verstanden werden können, wenn man Hebräisch beherrscht."
Die Gottesmänner, die ich befragte, konnten mir nicht
helfen, jedoch können sie für die unzureichenden Antworten nicht belangt werden. Niemand hatte ihnen
jemals nahegelegt, das wichtigste Werkzeug für das
Verständnis der Bibel – des Alten wie des Neuen Testaments – sei Hebräisch und daß Hebräisch der
Schlüssel zum Verständnis der Worte Jesu ist.
Die Zeit ging vorüber, und im Alter von 24 Jahren
ging ich nach Israel, um an der Hebräischen Universität zu studieren. Ich hatte damals fast ganz aufge-
hört, die Evangelien zu lesen. Das bedeutet nicht, daß
ich die Bibel nicht mehr las. Ich las sie mehr als je
zuvor, aber völlig unbewußt vernachlässigte ich die
Evangelien, hier jedoch waren die realen Worte und
Lehren Jesu."

Was uns zur Erstellung dieses Buches bewogen hat, ist nicht
nur die Beweisführung, daß die ursprüngliche Biographie Jesu
in der hebräischen Sprache mitgeteilt worden war, sondern
auch, daß das gesamte Neue Testament nur aus einer hebräischen Perspektive heraus richtig verstanden werden kann.
   Die meisten Christen sind sich darüber im klaren, daß das
Alte Testament am Anfang in Hebräisch entstand und die Be-
herrschung dieser Sprache für das Verständnis des Alten Testamentes sehr wichtig ist. Was sie jedoch nicht erkennen, ist
die Bedeutung des Hebräischen in bezug auf das Verständnis
des Neuen Testamentes.
   Es sollte Nachdruck darauf gelegt werden, daß die Bibel
(Altes und Neues Testament) in ihrer Gesamtheit höchst hebräisch ist. Trotz der Tatsache, daß Teile des Neuen Testamentes in Griechisch übermittelt wurden, ist der Hintergrund völlig hebräisch. Die Schreiber sind Hebräer, die Kultur ist

hebräisch, die Religion ist hebräisch, die Traditionen sind hebräisch, die Konzepte sind hebräisch.

Die Tatsache, daß das Alte Testament etwa 78 % des gesamten biblischen Textes und das Neue Testament nur 22 % ausmacht, wird nicht ausreichend gewürdigt. Wenn wir die vornehmlich hebräischen Teile des Neuen Testamentes (Matthäus, Markus, Lukas und Apostelgeschichte 1,1-15,35 [5], etwa 43 % des Neuen Testamentes) dem Alten Testament hinzufügen, dann steigt der Prozentsatz des ursprünglich in Hebräisch geschriebenen biblischen Materials auf 88 % (oder 87 %, wenn wir die Teile aus Esra und Daniel auslassen – weniger als 1 % des Alten Testamentes, die in Aramäisch geschrieben wurden). Nicht mehr als 12 % der gesamten Bibel wurden ursprünglich in Griechisch geschrieben. Wenn wir von diesen 12 % die 176 Bibelzitate des Alten Testamentes (14 AT-Zitate in Johannes und 162 von Apostelgeschichte 15,36 bis zum Ende des Neuen Testamentes) abziehen, dann steigt der Prozentsatz der ursprünglich in Hebräisch geschriebenen Bibel auf über 90 %.

Die Annahme, daß das gesamte Neue Testament ursprünglich in Griechisch entstand, hat zu erheblichem Mißverständnis sowohl auf seiten der Gelehrten als auch der Laien geführt. Heute wissen wir aufgrund der neueren Forschungsergebnisse, daß der Schlüssel zu unserem Verständnis dieses Materials das Hebräisch ist. Bis heute wurde bei den Studien des Neuen Testamentes ein unverhältnismäßig starker Akzent auf das Studium des Griechischen und des Hellenismus gelegt. Wenn man weiterkommen möchte, besonders bezüglich eines besseren Verständnisses der Worte Jesu, muß sich die Konzentration auf das Studium der hebräischen Geschichte und Kultur und vor allem der hebräischen Sprache richten.

---

1   Webster's New International Dictionary of the English Language (G. & C. Merriam Co.).

2   Siehe Seiten 89–91.

3   Siehe Seiten 93–95.

4   Siehe Seiten 97–111.

5   Die ersten 15 Kapitel der Apostelgeschichte weisen einige der gleichen textlichen Zeugnisse auf wie die synoptischen Evangelien, die ursprünglich in Hebräisch weitergegeben wurden. Sie handeln von Ereignissen in Jerusalem und werden in einem hebräischen Kontext erzählt. In Apg. 15,36 beginnt der Übergang zum Griechischen, da Lukas anfängt, die Missionsreisen des Paulus zu beschreiben.

# Kapitel 2

# Eine Untersuchung der aramäischen und griechischen Theorien

Im Hinblick auf die Tatsache, daß die meisten neutestamentlichen Gelehrten in der letzten Zeit einen aramäischen oder griechischen Ursprung der synoptischen Evangelien favorisiert haben, müssen wir das Für und Wider dieser beiden Theorien untersuchen.

## DIE ARAMÄISCHE THEORIE

Es ist sehr interessant, daß dieselben Leute, die für die Unfehlbarkeit der Schrift eintreten, die besonderen Passagen im Neuen Testament, wo Jesus (Apg. 26,14) oder Paulus (Apg. 21,40) hebräisch sprechen, heranziehen und sagen, „das bedeutet Aramäisch und nicht Hebräisch!"

Die „Aramäische Theorie" hat die biblische Gelehrsamkeit stark beeinflußt. Bibelübersetzer nämlich, also Leute, die am besten mit dem biblischen Text umzugehen verstehen sollten, übersetzen dort, wo der Originaltext „Hebräisch" sagt, mit „Aramäisch". Zum Beispiel übersetzt die Neue Internationale Version, herausgegeben durch Zondervan Bible Publishers, in beiden oben angeführten Bibelstellen aus der Apostelgeschichte ganz bewußt das Wort „Hebräisch" mit „Aramäisch",

nur in Kap. 26,14 bemühen sie sich sogar mit einer Fußnote
„oder Hebräisch". Die New American Standard Bible übersetzt
„Hebräischer Dialekt" im Falle beider Bibelstellen, fügt aber
die Fußnote hinzu „d. h. jüdisches Aramäisch". Diese Meinung
wird auch in der Menge-Bibel und Die Gute Nachricht vertre-
ten (Anm. d. Übers.).

Da die Mehrzahl der Gelehrten aramäische Urschriften für
die synoptischen Evangelien favorisieren, müssen sie sehr gewichtige Gründe für diese Theorie haben. Im Rahmen der
gründlichen Würdigung der Beweismittel stellt sich jedoch heraus, daß derartige gewichtige Gründe gar nicht vorhanden sind,
um ein aramäisches Original zu unterstützen. Allerdings begegnen wir vereinzelt aramäischen Ausdrücken und Satzteilen,
die offensichtlich mit Aramäisch zu tun haben, Wörtern oder
Sätzen, die im gesamten Text des Neuen Testamentes – besonders in den Evangelien – verstreut sind. Wir verfügen
tatsächlich über viel stärkere Beweise gegen die Theorie
aramäischer Originalschriften.[1]

Nach dem Kodex Sinaiticus, dem Kodex Alexandrinus und
dem Kodex Bezae, drei der ältesten Manuskripte des Neuen
Testamentes, die sich auf das vierte und fünfte Jahrhundert da-
tieren lassen, wird festgestellt, daß die Inschrift „dies ist der
König der Juden" (Lk. 23,38) über dem Kreuz Jesu in „griechischen, lateinischen und hebräischen Buchstaben" geschrieben war. Ist es nicht bezeichnend, daß die älteste griechische
textliche Tradition andeutet, daß Hebräisch in dieser Zeit wesentlich populärer war als Aramäisch?

Diejenigen, die auf einem aramäischen kulturellen Milieu
in jener Zeit bestehen, haben oft darauf hingewiesen, daß unsere Evangelien aramäische Wörter enthalten wie „Talitha
kumi", „Ephata", „Rabbuni" und einige andere mehr. Zugegeben, die Evangelien enthalten wirklich einige aramäische Wörter, dasselbe betrifft aber auch alle anderen hebräischen Doku-
mente, die in der Zeit Jesu geschrieben wurden – z.B. die
Mischnah und die Qumran-Rollen. Das Buch Jeremia, das aus
einer viel früheren Zeit stammt und zum allergrößten Teil in
Hebräisch geschrieben ist, schließt einen Satz in Aramäisch ein

(Jer. 12,11). Sogar das Buch Genesis enthält eine Zwei-Worte-Phrase auf Aramäisch (Gen. 31,47).[2]

Im Hebräischen des 1. Jahrhunderts finden wir viele aramäische Lehnwörter, d. h. Wörter, die man aus dem Aramäischen übernommen hat. Das betrifft auch das Neue Testament. Bei genauer Untersuchung jedoch stellt sich heraus, daß viele der für aramäisch gehaltenen Wörter eigentlich hebräisch sind. So wird z. B. *sikera* (starkes Getränk, Lk. 1,15) immer in den Listen der aramäischen Wörter des Neuen Testamentes geführt. Wegen seiner Endung auf „a" wird angenommen, daß *sikera* eine griechische Übersetzung des aramäischen *shikra* ist und nicht des hebräischen *sheichar*. Die Einsichtnahme in Hatch-Redpath's „A Concordance to the Septuagint" führt zu dem Ergebnis,[3] daß *sikera* die griechische Standardübersetzung des hebräischen *sheichar* ist. Die Endung „a" ist nicht der aramäische bestimmte Artikel, sondern einfach die Endung des griechischen Neutrums. Was auf das „a" in *sikera* zutrifft, das gilt auch für das „a" in *sabbata* (Mt. 12,10) und in *pascha* (= Passah, Lk. 2,41).

Selbst das Vorhandensein eines aramäischen Wortes wie *Abba* (Mk. 14,36) beweist nicht die Existenz eines aramäischen Originals. *Abba* erscheint immer wieder in den hebräischen Schriften jener Zeit als ein Lehnwort, das vom Aramäischen wegen seiner besonderen Würze entlehnt wurde und in derselben Weise gebraucht wurde, wie wir heute „Daddy" oder „Papa" sagen. Im heutigen modernen Israel benutzen die Kinder das Wort *Abba*, wenn sie sich an ihre Väter wenden, und zwar genauso wie zur Zeit Jesu.

Wahrscheinlich ist der am meisten gebrauchte Aramäismus im Neuen Testament der Ausruf in Mk. 15,34: *„Eloi, Eloi, lama sabakthani"*. Diese Worte sind Aramäisch, aber es ist zu bezweifeln, daß Jesus sie so aussprach, wie Markus sie berichtet – die Leute, die die Worte hörten, dachten nämlich, Jesus würde Elia rufen. Um solch einem Irrtum zu unterliegen, hätte Jesus *Eli, Eli!* nicht *Eloi, Eloi!* rufen müssen. Warum? *Eli* kann in Hebräisch sowohl *mein Gott* bedeuten als auch die verkürzte Form von *Elijahu* (hebräisch für *Elia*) sein. Aber das

aramäische *Eloi* kann nur *mein Gott* bedeuten. Es ist darauf
hinzuweisen, daß der Bericht des Matthäus genau das wieder-
gibt: *Eli, Eli* (Mt. 27,46). Darüber hinaus ist *lama (warum)* in
beiden Sprachen ein und dasselbe Wort, und *sabak* ist ein Verb,
das sich nicht nur in Aramäisch findet, sondern auch im
Hebräisch der Mischna.

Sollten wir auf der Grundlage der wenigen vorkommenden
aramäischen Wörter die wesentlich zahlreicher auftretenden
hebräischen Wörter übersehen, die im griechischen Text der
Evangelien vorhanden sind? Einige Beispiele: *levonah* (Weih-
rauch Mt. 2,11), *mammon* (Lk. 16,9), *wai* (Wehe Mt. 23,13),
*rabbi* (Mt. 23,7.8), *Beelzebub* (Lk. 11,15), *corban* (Mk. 7,11),
*Satan* (Lk. 10,18), *cammon* (Kümmel Mt. 23,23), *raca* (ein
Wort der Verachtung, wörtl. leer, Mt. 5,22), *moreh* (Rebell, Mt.
5,22), *bath* (ein Flüssigkeitsmaß, ca. 22 l, Lk. 16,6), *Kor* (ein
Hohlmaß für trockene Stoffe, ca. 220 l. Lk. 16,7), *zuneem* (Un-
kraut, Mt. 13,25), *Boanerges* (Mk. 3,17), *mor* (Myrrhe Lk.
7,37), *sheekmah* (Maulbeerfeigenbaum, Lk. 17,6), und *amen*,
das etwa 100mal im griechischen Evangelientext vorkommt.

Heute ist der Beweis für Hebräisch wirklich überwältigend,
und dennoch halten viele Christen an dieser altmodischen Hypothese fest, als ob ihr Glaube davon abhängig wäre. Sofern in
den vergangenen Jahren Experten sich für die Existenz eines
hebräischen Originals aussprachen oder wenn hebräische
Schriftrollen oder Inschriften gefunden wurden, zögerten Befürworter der aramäischen Theorie nicht, dieses Zeugnis hin-
wegzudiskutieren, z. B.:

1. Wenn das Neue Testament oder Josephus sagt *Hebräisch*, dann behaupten die Befürworter der aramäischen Hypothese: „Was hier gemeint ist, ist Aramäisch".
2. Wenn bei den Ausgrabungen auf dem Tempelberg hebräische, griechische oder ein paar lateinische Inschriften aus der römischen Zeit gefunden wurden,
   dann sagte man in bezug auf die hebräischen Inschriften: „Diese stellen nur das Hebräisch dar, das

von den Priestern in dem heiligen Bezirk verwendet wurde, sind aber kein Anzeichen dafür, daß diese Sprache von dem einfachen Mann gesprochen wurde".

3. Es wird von der Mischnah und anderen rabbinischen Werken gesagt: „Zugegeben, diese sind in Hebräisch geschrieben, aber das ist eine künstliche Sprache, die nur zum Studium und in Diskussionen von den Rabbis und ihren Studenten an den Talmud-Schulen gesprochen wurde".

In bezug auf das letzte Argument muß festgestellt werden, daß bereits 1927 der große jüdische Gelehrte M. H. Segal überzeugend nachgewiesen hat, daß mischnaisches Hebräisch nicht eine künstliche Sprache war, die nur von rabbinischen Gelehrten an den Talmud-Schulen gesprochen wurde, sondern daß sie alle Charateristika einer lebendigen Sprache beinhaltet.[4]

Die Autoren wollen damit nicht sagen, daß Aramäisch und Griechisch in Israel während der ersten Jahrhunderte vor und nach Christus nicht gesprochen worden seien. Es ist sicher, daß die meisten Leute mehrere Sprachen beherrschten, sich zumindest aber in zwei Sprachen verständigen konnten, z.B. Griechisch, Aramäisch, sogar in einigen üblichen lateinischen Ausdrücken neben dem Hebräischen.

Wir zitieren Segal:

Welches war die Umgangssprache des gebildeten in Jerusalem und Judäa geborenen Juden in der Zeit 400 v. Chr. bis 150 n. Chr.? Das Zeugnis, das uns durch mischnaisches Hebräisch und seine Literatur präsentiert wird, läßt keinen Zweifel darüber zu, daß diese Sprache mischnaisches Hebräisch war. Natürlich haben diese gebildeten Judäer auch Aramäisch verstanden und es sogar in ihren Schriften gebraucht, allerdings nur vereinzelt, und zwar in derselben Art und Weise wie die Flamen in Belgien oft auch Französisch gebrauchen (Segal 1927:13).

Segals Schlußfolgerungen wurden zum größten Teil durch christliche Gelehrte ignoriert und bald vergessen.

Seit der Entdeckung der Qumran-Rollen jedoch haben die führenden Vertreter der aramäischen Theorie mehr und mehr ihre Ansichten geändert. Matthew Black bemerkt in der dritten Ausgabe[5] seines einflußreichen Buches *An Aramaic Approach to the Gospels and Acts*:

> Die Entdeckungen in Qumran haben auch neues Licht auf das Problem geworfen. M. Wilcox schreibt: „Hinsichtlich der Sprache sollten wir zur Kenntnis nehmen, daß die Entdeckung der Rollen vom Toten Meer uns nun höchst interessante und relevante Informationen geliefert hat. Die nicht biblischen Texte zeigen uns eine freie, lebendige Sprache und bestätigen die Tatsache, daß in der Zeit des Neuen Testamentes und auch beachtliche Zeit vorher das Hebräisch nicht auf rabbinische Zirkel beschränkt war, sondern als normales Ausdrucksmittel erschien."[6]
>
> Wenn dies eine korrekte Einschätzung des Qumran-Zeugnisses ist, wo Hebräisch bei weitem über dem Aramäischen dominiert, dann darf man ohne weiteres der Ansicht beitreten, die mit dem Namen von Prof. Segal verbunden ist, daß Hebräisch wirklich die gesprochene Volkssprache in Judäa zur Zeit Christi war (Black 1967:47).

Es darf bei der Diskussion um das linguistische Milieu des Palästina des 1. Jahrhunderts nicht ignoriert werden, daß der führende aramäische Theoretiker Matthew Black sich gezwungen sieht, folgendes zuzugeben: „Wir müssen mehr als je zuvor davon ausgehen, daß Hebräisch zusätzlich zu (oder anstelle von) Aramäisch von Jesus selbst gesprochen wurde" (Black 1967:49).

*Die Spalte der Jesaja-Rolle aus Höhle 1 in Qumran enthält Jes. 40,3*
*(beginnend in der Mitte mit der zweiten Reihe).*
*Die Jesaja-Rolle ist das besterhaltene von nahezu 600 Manuskripten,*
*die in den 11 Qumran-Höhlen gefunden wurden.*
*(Mit freundlicher Genehmigung Schrein des Buches, Israel-Museum.)*

## DIE GRIECHISCHE THEORIE

Obwohl die überwältigende Mehrheit der Gelehrten ein semitisches Original voraussetzt, gibt es auch solche Leute wie den englischen Gelehrten Nigel Turner[7], die sich für eine griechische Urschrift einsetzen. Abgesehen von sprachlichen und kulturellen Argumenten für ein semitisches Original, bleibt es doch ein wichtiger Faktor, daß das unzureichende Griechisch der synoptischen Evangelien grundsätzlich nur in den literarischen Werken gefunden wird, die von semitischen Originalen übersetzt wurden, wie beispielsweise die Septuaginta.

Viele Ausdrücke in den Evangelien sind nicht nur schlechtes Griechisch, sondern nach ihrem Wortgehalt ohne verständliche Aussage. Ein kurzes Beispiel soll diese Tatsache illustrieren. Der Text von Mt. 6,22-23 lautet wörtlich: „Die Lampe des Leibes ist das Auge. Wenn dein Auge gut ist, ist dein ganzer Leib voller Licht. Ist aber dein Auge böse, dann ist dein ganzer Leib voller Dunkelheit." Die Ausdrücke *gutes Auge*[8] und *böses Auge* sind allgemeine hebräische Redensarten für *gütig* und *geizig*. Das Griechische kennt diese Redensart nicht, und so ist in Griechisch diese Aussage Jesu kaum verständlich, ebenso wie in Englisch oder Deutsch.

Warum ist das Griechisch der Evangelien so unzureichend? Das ist ganz einfach: Die Evangelien Matthäus, Markus und Lukas sind nicht wirklich griechische, sondern hebräische Worte in einem griechischen Kleid, mit anderen Worten „Übersetzungsgriechisch". Erheben wir nun den Anspruch, daß die synoptischen Evangelien gar nicht ursprünglich in Griechisch geschrieben worden sind? Diese Frage müssen wir mit „ja" und „nein" beantworten. Die synoptischen Evangelien sind zwar so, wie sie uns heute vorliegen, ursprünglich in Griechisch geschrieben worden, jedoch der Text, von dem sie herrühren, war ursprünglich eine hebräische Fassung.

Man kann leicht nachweisen, daß Gelehrte, die diesen Prozeß der textlichen Übertragung der Evangelien nicht erkennen, einen griechischen Text annehmen. Es ist jedoch der Untertext unserer kanonischen Evangelien, der das hebräische Original offenbart.[9]

Unsere kanonischen Evangelien basieren auf griechischen Texten, die von der griechischen Übersetzung der hebräischen Geschichte über das Leben Jesu abgeleitet sind.

Bedauerlicherweise richten unsere Bibelschulen und -seminare ihre Aufmerksamkeit auf Griechisch und die hellenistische Theorie und versäumen dabei im weiten Rahmen, ihre Studenten mit den notwendigen Werkzeugen auszurüsten. Diese würden ihnen die Erstellung einer ernsthaften biblischen Exegese erlauben. Diese gewagte Behauptung ist leider nur allzu wahr. Es kann nicht ausreichend betont werden, daß der Schlüssel zu einem Verständnis des Neuen Testamentes die perfekte Kenntnis des Hebräischen ist und eine tiefe Bekanntschaft mit der jüdischen Geschichte, Kultur und rabbinischen Literatur.

Das Zeugnis für ein aramäisches oder griechisches Original der synoptischen Evangelien kann einfach einer kritischen Analyse nicht standhaltcn. Es gibt viel mehr substantielle Beweise dafür, daß den synoptischen Evangelien ein hebräisches Original zugrunde liegt.

1　Siehe Seiten 42–44 über einen kurzen historischen Abriß über die aramäische Sprache.

2　Wir haben schon vorher festgestellt (Seite 16), daß Teile von Esra und Daniel (Esr. 4,8-6,18; 7,12-26; Dan. 2,4-7,28) also weniger als 1 % des Alten Testamentes, in Aramäisch geschrieben worden sind.

3　Siehe Bibliographie S. 141. Die Septuaginta ist die griechische Übersetzung des Alten Testamentes aus dem 2. Jahrhundert v. Chr.

4　Tatsächlich hat Segal seine Ansichten bereits 1909 in einem Artikel der Jewish Quarterly Review, Band XX, S. 647–737 dargelegt.

5　Die zweite Ausgabe von Black's Buch wurde geschrieben, bevor die Qumran-Texte von Gelehrten eingesehen werden konnten.

6　Max Wilcox ist einer der vielen Studenten von Prof. Black. Das Zitat stammt aus Wilcox' Buch *The Semitisms of Acts* (1965), S. 14.

7　Siehe Bibliographie S. 141.

8　Siehe die Diskussion um das „gute Auge" auf den Seiten 114–115.

9　Siehe Kapitel 5 für eine detaillierte Diskussion des Zeugnisses für den hebräischen Untertext.

# Kapitel 3

# *Neue sprachliche Untersuchungen*

Wir erleben gegenwärtig eine Revolution in bezug auf unser Verständnis des Neuen Testamentes. Mit der Wiedergeburt Israels 1947–1948 fiel die dramatische Entdeckung der Rollen vom Toten Meer zusammen. Diese unbezahlbaren alten Manuskripte, gefolgt von der Entdeckung der Bar-Kochba-Briefe einige Jahre später, entpuppten sich bald als äußerst wichtige Beiträge für ein umfassendes Verständnis der Schriften des Neuen Testamentes.

Viele Gelehrte in Israel sind nun davon überzeugt, daß die gesprochene und geschriebene Sprache der Juden in Israel zur Zeit Jesu tatsächlich Hebräisch war und daß die synoptischen Evangelien aus ursprünglich hebräischen Quellen stammen.

Diese Gelehrten, die sowohl Griechisch als auch Hebräisch perfekt beherrschen, haben eindrucksvolle Lösungen der großen Probleme einer Interpretation des Neuen Testamentes vorgeschlagen. Bedeutende jetzige Entdeckungen dienen dazu, den besonderen hebräischen Sprachstil zu beleuchten, den Jesus und seine ersten Nachfolger pflegten, und eine wesentlich genauere Übersetzung der Evangelien zu ermöglichen. Mit einem neuen Verständnis für die von Jesus gesprochene Sprache sind sie nun in der Lage, zahlreiche verkehrte Übersetzungen im englischen oder deutschen Text des Neuen Testamentes zu korrigieren.

Der verstorbene Jehoschua M. Grintz schrieb einen Artikel mit dem Titel: „Hebräisch als die gesprochene und geschriebene Sprache der letzten Tage des zweiten Tempels" (Grintz 1960). Auf der Basis seines Studiums des Matthäus-Evangeliums und anderer zeitgenössischer Literatur der Evangelien gelangte Grintz zu der Auffassung, daß „Hebräisch die einzig literarische Sprache jener Zeit war; und allein darauf ist die Tatsache zurückzuführen, daß die neue Sekte der „ungebildeten und ungelehrten Leute" (Apg. 4,13) sich hinsetzte und ihr Hauptbuch schrieb, das für ihre jüdischen Mitglieder in dieser Sprache bestimmt war" (Grintz 1960:46). Grintz hebt weiter hervor: „Darüber hinaus war Hebräisch damals das hauptsächliche *sprachliche* (kursive Hervorhebung durch die Autoren) Mittel im jüdischen Palästina oder zumindest in Jerusalem und Judäa". Er liefert dann einen Beweis für diese Behauptung mit einer relevanten Begebenheit, die im Talmud (Nedarim 66 b) über die Schwierigkeiten eines aramäisch sprechenden Juden aus Babylon bei seinen Unterhaltungen mit seiner Jerusalemer Frau berichtet (Grintz 1960:46-47).

Professor David Flusser von der Hebräischen Universität in Jerusalem, einer der in der Welt führenden jüdischen Autoritäten in bezug auf das Neue Testament und das frühe Christentum, ist fest davon überzeugt, daß das *Leben Jesu* ursprünglich in Hebräisch zusammengestellt wurde. Er steht auf dem Standpunkt, daß es Hunderte von Semitismen (semitische Redewendungen) in den synoptischen Evangelien gibt, die nur Hebräisch sein können, aber es sind keine Semitismen vorhanden, die man so nur im Aramäischen finden würde, ohne daß sie auch gutes Hebräisch wären.

Dr. Moshe Bar-Asher, der von dem verstorbenen Professor Yehezkiel Kutscher die Reputation als angesehenster aramäischer Gelehrter an der Hebräischen Universität hatte, sagt, er glaube daran, daß die synoptischen Evangelien auf eine griechische Übersetzung eines ursprünglich hebräischen (nicht aramäischen!) Dokuments zurückgehen.

Dr. Pinhas Lapide, Direktor der Übersetzer- und Dolmetscherschule an der Bar-Ilan Universität in Tel Aviv, schrieb einen Artikel mit dem Titel: „Das fehlende Hebräische Evangelium" (Lapide 1974). In diesem Artikel diskutiert er hebräische Originale der Evangelien. Dr. Lapide, ein Gelehrter, der mehr als ein dutzend Sprachen spielend beherrscht, stellt fest:

> Nicht weniger bedeutend ist die Tatsache, erhärtet durch Dokumentenfunde in Murab-ba'at, Nahal Heber und in Massada, daß während des ersten christlichen Jahrhunderts (und später) religiöse Themen hauptsächlich in Hebräisch wiedergegeben wurden (Lapide 1974:169).

Dr. Lapide schließt:

> Das letzte Jahrhundert hat die unerwarteten Entdeckungen solcher literarischen Schätze miterlebt wie in der Kairo Geniza und in den Qumran- und Murabba'at-Höhlen. Es ist nicht unmöglich, daß jemand eines Tages ein Fragment jenes frühesten Hebräischen Evangeliums „nach den Juden" ans Tageslicht bringt (Lapide 1974:170).

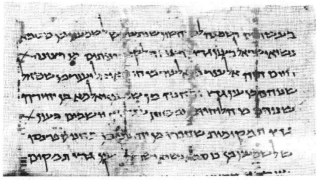

*Hebräisches Dokument, geschrieben auf einem Papyrus, gefunden in Nahal Hever. Es beginnt mit den Worten: „Am 28. des Marheshvan, des dritten Jahres von Shimon ben (Hebräisch: Sohn von) Kosiba, Präsident von Israel in En-Gedi". (Mit freundlicher Genehmigung Schrein des Buches, Israel-Museum, Foto: David Harris.)*

Hervorragende Gelehrte außerhalb Israels sind ebenfalls zu dem Schluß gekommen, daß die Sprache Jesu Hebräisch war. Einer dieser Gelehrten ist der Norweger Harris Birkeland. In seinem Aufsatz mit dem Titel „Die Sprache Jesu" tritt er der vorherrschenden Meinung entgegen, daß die Sprache Jesu Aramäisch gewesen sein könnte. Sein Schluß lautet: „Die Sprache des einfachen Volkes in Palästina zur Zeit Jesu war Hebräisch. Er fährt fort: „Meine weitere Schlußfolgerung ..., daß Jesus wirklich Hebräisch gesprochen hat, scheint unvermeidlich" (Birkeland 1954:39).

William Sanford LaSor, emeritierter Professor am Fuller Theological Seminary in Pasadena, Kalifornien, ist ein ausgezeichneter semitischer Gelehrter. In einer Vorlesung, die er am 24. April 1982 in Jerusalem hielt, stellte er fest:

> Mit der Entdeckung der Rollen vom Toten Meer scheint es nun sehr wahrscheinlich, daß die von Jesus benutzte Sprache Hebräisch und nicht Aramäisch war. Die Mitglieder der Sekte von Qumran schrieben nicht nur ihre Kommentare über Bücher der Bibel in Hebräisch, vielmehr waren auch ihr Handbuch für neue Mitglieder (*Buch der Regel*) und Bücher, die das Leben der Kommunität regelten, wie beispielsweise die *Damaskus-Schrift,* ebenfalls in Hebräisch geschrieben.

Professor Frank Cross von der Harvard Universität ist wahrscheinlich die führende lebende Autorität für die Handschriften der Qumran-Rollen. Prof. Cross stellte fest, daß durch Erforschen der Handschriften der verschiedenen Schreiber, welche die Rollen über die Jahrhunderte hinweg in Qumran abschrieben, als die dominierende Sprache Palästinas, beginnend etwa 130 v. Chr., Hebräisch erscheint. Da die Schreiber von Qumran nach etwa 130 v. Chr. keine Fehler im Rahmen des Kopierens der hebräischen Texte produzierten, kam Cross zu der Auffassung, daß ihre hauptsächliche Sprache Hebräisch war und daß sie nur geringe Kenntnis der aramäischen Grammatik und Syntax besaßen.

Ein weiterer brillanter Gelehrter ist Abbé J. T. Milik. Milik, ein polnischer Priester, ist in wissenschaftlichen und archäologischen Kreisen wohlbekannt. Er war einer der Ausgräber in Qumran und das aktivste Mitglied des internationalen Teams, welches die Rollen aus Höhle IV für die Veröffentlichung vorbereiteten. Nach einer sorgfältigen Analyse des ganzen textlichen Materials aus der Wüste Juda schloß Milik folgendes:

> Die Kupferrollen und Dokumente der zweiten Revolte beweisen unstreitig, daß Mischnaisch (Hebräisch) die normale Sprache der judäischen Bevölkerung in der römischen Periode war (Milik 1963:130).

Die Folgerungen der obengenannten Gelehrten erhalten noch mehr Gewicht, wenn sie mit Beispielen außerbiblischer Quellen und aus den Evangelien selbst verbunden werden, wie es in den folgenden Kapiteln präsentiert wird.

## Kapitel 4

# *Außerbiblische Zeugnisse für Hebräisch*

Eine eindrucksvolle Summe außerbiblischer Zeugnisse weist auf den Gebrauch der hebräischen Sprache während des ersten Jahrhunderts in Israel hin:

- das Zeugnis der Kirchenväter,
- die Rollen vom Toten Meer,
- Münzen,
- Inschriften des letzten Jahrhunderts v. Chr. und ersten Jahrhunderts n. Chr.,
- die Schriften des Josephus sowie
- die rabbinische Literatur.

In diesem Kapitel werden wir einige dieser Zeugnisse untersuchen.

### DIE KIRCHENVÄTER

Unter den frühen Kirchenvätern verstehen wir gewöhnlich die vornizäischen Väter, d. h. die Führer der ersten christlichen Kirche bis zum Konzil von Nizäa etwa 325 n. Chr. Ihr Zeugnis ist deswegen bedeutend, weil es uns zu den früheren Jahrhunderten der christlichen Ära zurückführt.

Der Beweis, der uns durch die frühen Kirchenväter gelie-

fert wird, widerspricht der Theorie eines aramäischen Originals
der Evangelien (es handelt sich bei der Aramäischen Theorie
um eine relativ späte Erscheinung, die erst für das Mittelalter
datiert werden kann). Unser frühester Zeuge ist Papias, Bischof
von Hierapolis in Kleinasien (Mitte des 2. Jahrhunderts n. Chr.).
Hinsichtlich des Hebräischen Originals der Evangelien sagt er:

> „Matthäus hat in hebräischer Sprache die Reden des
> Herrn zusammengestellt; ein jeder aber übersetzte die-
> selben so gut er konnte" (Eusebius, Kirchengeschichte
> III 39,16).

Irenaeus (120–202 n. Chr.) war Bischof von Lyon in Frank-
reich. Die meisten seiner literarischen Bemühungen unternahm
er im letzten Viertel des 2. Jahrhunderts n. Chr. Irenaeus stellt
fest:

> „Matthäus hat unter den Hebräern in deren Mutter-
> sprache sein Evangelium geschrieben" (Eusebius, Kir-
> chengeschichte V 8,2).

Origenes (erstes Viertel des dritten Jahrhunderts) stellt in seinem Kommentar über das Matthäus-Evangelium fest:

> „Zuerst wurde das Evangelium nach Matthäus ... für
> die Gläubigen aus dem Judentum in hebräischer Spra-
> che geschrieben" (Eusebius, Kirchengeschichte VI
> 25,4).

Eusebius, Bischof von Cäsarea (ca. 325 n. Chr.), schreibt:

> „Matthäus, der zunächst unter den Hebräern gepredigt
> hatte, schrieb, als er auch noch zu anderen Völkern
> gehen wollte, das von ihm verkündete Evangelium in
> seiner Muttersprache" (Kirchengeschichte III 24,6).

Dies sind nur einige wenige Belege für die Schriften der frühen
Kirchenväter, die auf ein Hebräisches Original der Evangelien

hinweisen. Darüber hinaus gibt es viele Hinweise bei den späteren Kirchenvätern (den nachnizäischen Vätern von ca. 325 n. Chr.). Epiphanius (gestorben 403 n. Chr.) zum Beispiel, schreibt ausführlich über die jüdisch-christliche Sekte der Nazarener:

> „Sie haben das ganze Evangelium des Matthäus in Hebräisch. Es wird von ihnen sorgfältig aufbewahrt, so wie es ursprünglich in Hebräisch geschrieben wurde" (Gegen die Irrlehren 29,9,4).

Epiphanius schreibt auch über die Ebioniten, eine andere messianische Sekte:

> „Auch sie akzeptieren das Evangelium des Matthäus ... Sie nennen es „gemäß den Hebräern", und das ist genau so, wie sie gesprochen haben, da Matthäus allein von den neutestamentlichen Schreibern sein Evangelium in Hebräisch und in der hebräischen Schrift präsentiert" (Gegen die Irrlehren 30,3,7).

Hieronymus (gestorben 420 n. Chr.) war von allen Kirchenvätern derjenige, der mit der hebräischen Sprache am besten vertraut war. Seine lateinische Übersetzung der Bibel, die Vulgata, ist bis heute die maßgebliche Bibel der römisch-katholischen Kirche. Hieronymus lebte die letzten 31 Jahre seines Lebens in Bethlehem. Dort hat er seine lateinische Übersetzung des Alten Testamentes angefertigt, die er direkt aus dem Hebräischen übernahm. Hinsichtlich des Matthäus-Evangeliums schreibt Hieronymus:

> „Matthäus war der erste in Judäa, der das Evangelium von Jesus Christus in hebräischen Buchstaben und Worten schrieb ... Wer es später in Griechisch übersetzte, kann nicht mehr mit Sicherheit gesagt werden. Darüber hinaus wird der Hebräische Text selbst in der Bibliothek in Caesarea aufbewahrt, welche der Märtyrer Pamphilius mit großer Sorgfalt zusammengetragen hat" (Liber de illustribus viris 3).

Wenn jemand trotz all dieser obigen Beweise das Zeugnis der
Kirchenväter als bloße Tradition wegwischen möchte, der sollte
eine letzte Tatsache beachten: Es gibt in der frühen Kirche
keine Tradition für ein ursprüngliches Aramäisches Evangelium.

## DIE ROLLEN VOM TOTEN MEER

Die Rollen vom Toten Meer stellen einen Teil der Bibliothek
der jüdischen Gemeinschaft in Qumran dar, einem kleinen Ort
am nordwestlichen Ufer des Toten Meeres. Im Jahre 68 n. Chr.,
zwei Jahre nach dem Ausbruch des jüdischen Aufstandes in
Jerusalem, erfuhr die dortige Gemeinschaft ein frühzeitiges
Ende, als Qumran von der römischen Armee angegriffen und
zerstört wurde.

Die Rollen vom Toten Meer sind die dramatischste und be-
stechendste archäologische Entdeckung aller Zeiten in bezug
auf den biblischen Text. Die Funde wurden in einem Zeitraum
von über 16 Jahren von 1947–1963 ans Licht gebracht (zusätzliche wurden in Massada entdeckt). Sie schließen fast 600
partielle Manuskripte ein (biblische und nicht-biblische) mit
zusätzlich etwa 40000 Fragmenten. 179 Manuskripte des Alten Testamentes (viele sehr fragmentarisch), die alle Bücher –
mit Ausnahme von Esther – repräsentieren, wurden entdeckt.
Diese Funde liefern uns hebräische Handschriften der Bibel,
die über 1000 Jahre älter als die bis dahin bekannten sind.
Einige sind also nur ein paar hundert Jahre älter als die originalen „Urschriften".

Mitglieder der Gemeinschaft vom Toten Meer haben zusätzlich zu den Abschriften biblischer Manuskripte eine Reihe
eigener Bücher geschrieben, die für die Mitglieder der Gemeinschaft bestimmt waren, wie z. B. Anleitungen für Neu-
ankömmlinge. Von den zehn größeren nicht-biblischen Rollen,
die bisher veröffentlicht wurden, ist *nur eine*, und zwar das Genesis Apokryphon, in Aramäisch geschrieben. Die neueste ver-
öffentlichte Rolle und auch die längste bis heute (ca. 8,40 m
lang, entsprechend etwa 80 Kapiteln des Alten Testamentes) ist

die berühmte Tempelrolle (siehe Bibliographie S. 141), gleichsam in Hebräisch geschrieben.

Diese Rollen der Sekte sind bedeutsam in der Diskussion über die literarische Sprache der ersten Jahrhunderte vor und nach Christus, weil sie nicht nur bloße Kopien biblischer Texte sind, die hunderte Jahre zuvor zusammengestellt wurden, sondern auch völlig neue Schriften der Kommunität in Qumran, die in einer Periode zeitgleich mit Jesus entstanden.

*Vier Spalten der Tempelrolle. (Mit freundlicher Genehmigung Schrein des Buches, Israel-Museum. Foto: David Harris.)*

Gelehrte haben jetzt erst mit dem Studium und der Auswertung dieser riesigen Literatur begonnen. Die Anzahl neutestamentlicher Parallelen, die man in diesen Texten findet, ist wirklich beeindruckend. Es folgt ein interessantes Beispiel solch einer Parallele. Beachten wir die Ähnlichkeit mit Gal 5,16-26.

> Der Gott Israels und sein Engel der Wahrheit hat den Söhnen des Lichts geholfen. Er ist es, der die Geister des Lichtes und der Dunkelheit geschaffen hat ... und dies sind ihre Wege in der Welt: das Herz des Menschen zu erleuchten, vor Ihm die Wege wahrer Gerechtigkeit gerade zu machen, seinem Herzen die Furcht vor den Gerichten Gottes einzuflößen; ein

Geist der Demut, der Geduld, überfließenden Mit-
leids, ewiger Güte, Verständnis, Einsicht und mächti-
ger Weisheit, die sich auf allen Werken Gottes gründet und sich an Seine überreiche Güte lehnt; ein Geist
der Unterscheidung jeden Zieles, Eifer für gerechtes
Gericht, heilige Absichten mit Festigkeit des Herzens,
große Liebe für die Söhne der Wahrheit, tugendhafte
Reinheit, die alle Verehrung von Götzen verabscheut;
bescheidenes Benehmen mit Klugheit in allen Dingen
und Treue, die Geheimnisse der Erkenntnis zu be-
wahren – dies sind die Ratschläge des Geistes an die
Söhne der Wahrheit in dieser Welt, und die Belohnung
aller, die in seinen Wegen wandeln, ist Heilung, ein
langes und friedvolles Leben, Fruchtbarkeit zusammen mit allen ewigen Segnungen und unendlicher
Freude im ewigen Leben, eine Krone der Herrlichkeit
und ein Gewand von Majestät in unendlichem Licht.

*Buch der Regel (Spalte I–IV). (Mit freundlicher Genehmigung*
*Schrein des Buches, Israel-Museum. Foto: David Harris.)*

Aber mit dem Geist der Verderbtheit ist verbunden
Habgier, Trägheit im Dienst der Gerechtigkeit, Bosheit
und Lügen, Stolz und Arroganz, Verleugnung und Be-
trug, Grausamkeit und große Heuchelei, Reizbarkeit
und Überfluß an Torheit, schamlose Frechheit,
abscheuliche Taten (begangen), in einem Geist der

Hurerei, schmutzige Wege im Dienst der Unreinheit, eine lästerliche Zunge, Blindheit des Auges und Taubheit des Ohres, Halsstarrigkeit und Hartherzigkeit, so daß ein Mensch ganz und gar in den Wegen der Finsternis und Arglist wandelt. Und der Lohn für alle, die in diesen Wegen gehen, ist viel Elend durch die Hände der Engel der Zerstörung, ewige Verdammnis durch den finsteren Zorn eines rächenden Gottes, ewiges Zittern, nicht endende Unehre mit endlosem Unglück im Feuer der dunklen Örter. Die Zeiten all ihrer Generationen werden verbracht in Sorgen voller Klagen und bitterem Unglück, dunklem Unheil, bis sie zerstört werden ohne Überrest oder Überlebenden (Buch der Regel III 24 bis IV 14).

Wenn wir die gesamte Anzahl der Seiten in diesen zehn Rollen der Sekte vergleichen, finden wir erneut ein Verhältnis von neun zu eins zwischen Hebräisch und Aramäisch (179 Seiten in den neun Hebräischen Rollen zu 22 Seiten Aramäisch in der Genesis-Apokryphon). Es ist sogar möglich, daß das Genesis-Apokryphon ursprünglich nicht zeitgleich mit Jesus von den Qumran-Leuten geschrieben wurde, sondern daß es sich um ein Targum handelt (s. Definition im folgenden Paragraphen), das ursprünglich ein oder zwei Jahrhunderte früher geschrieben wurde, als das Aramäische noch populärer war.

Befürworter der Aramäischen Theorie weisen gern auf die Anwesenheit von Targumim unter den Manuskripten hin, die man in den Höhlen am Toten Meer entdeckte (ein Targum ist eine Aramäische Übersetzung der Heiligen Schrift, oft erweitert durch eingefügte Erklärungen und Kommentare). Ein Targum von Hiob wurde in Höhle XI entdeckt, ein Targum des 3. Buches Mose in Höhle IV. Man nimmt an, daß die Existenz vom Targumim ein Beweis dafür ist, daß das einfache Volk eine Schriftversion in einer Sprache brauchte, die es leichter verstehen konnte, nämlich Aramäisch [1]. (Interessant ist, daß wir schon vor der Entdeckung des Hiob-Targums im Qumran von seiner Existenz wußten. Im Talmud, Shabbath 115 a, wird uns gesagt, daß ein Targum des Hiob einmal zu Gamaliel, dem Lehrer des Paulus, gebracht wurde. Er wollte ihn haben, um ihn in die Mauern des Tempels einzufügen, die damals immer noch gebaut wurden).

Was die Verfechter der Aramäischen Theorie auch verkennen, ist der Hinweis darauf, daß griechische Übersetzungen der Schrift in Qumran die Targumim (Aramäische Übersetzungen) bei weitem übertreffen. Bis heute hat man griechische Übersetzungen vom 1., 2. und 3. Buch Mose in Qumran entdeckt. Wenn das Vorhandensein aramäischer Übersetzungen der Schrift im ersten Jahrhundert beweisen könnte, daß das gemeine Volk Aramäisch sprach, dann könnte auch das Vorhandensein Griechischer Übersetzungen der Schrift beweisen, daß sie Griechisch sprachen. Keiner indessen behauptet, daß Griechisch im 1. Jahrhundert die Landessprache in Israel war!

Die Vorreiter des Aramäischen erkennen ebensowenig die Bedeutung der zahlreichen *Pesharim* (Kommentare) an, die man in Qumran fand. *Pesharim* existieren von Jesaja, Hosea, Micha, Nahum, Habakuk, Zephanja, den Psalmen und auf verschiedenen verstreuten Seiten von weiteren Büchern des Alten Testamentes. Sämtliche *Pesharim* wurden in Hebräisch geschrieben. Ist es möglich, daß Kommentare über die Schrift in einer Sprache geschrieben wurden, die die Mehrheit der Leute nicht verstand? Gewiß nicht, zumal das Studium der Schrift im Judaismus nicht ein Vorrecht der priesterlichen Kaste war.

Wie wir bereits weiter vorn (S. 32) erwähnten, ist Professor Frank Cross zu der Auffassung gelangt, daß Hebräisch das Aramäische ersetzte und daß es die allgemein gesprochene Sprache in Palästina um 130 v. Chr. war. Eine interessante Frage ist: Warum?

Wie Hebräisch gehört auch Aramäisch zu der semitischen Sprachenfamilie. Viele Wörter kommen in beiden Sprachen vor; manche Wörter haben gar die gleiche Wurzel. Aramäisch war die offizielle Sprache in Persien, ebenso auch die *lingua franca* in Assyrien und Babylon von 700–300 v. Chr. Der Einfluß des Aramäischen auf die Königreiche Juda und Israel war beträchtlich, wobei sein Einfluß auf das Nordreich größer war als auf Juda, da das Nordreich Israel durch Assyrien 134 Jahre vor dem Fall Judas erobert wurde.

*Der Habakuk-Pesher (Kommentar). Spalten IX–XII.*
*(Mit freundlicher Genehmigung des Schreines des Buches, Israel-Museum.*
*Foto: David Harris.)*

Als ein großer Teil der Bevölkerung des Südreiches Juda 587 v. Chr. in die Babylonische Gefangenschaft weggeführt wurde, gab es eine Reihe von Veränderungen. Das Aramäische wurde von den meisten Juden in der Gefangenschaft angenommen. Als den Juden 538 v. Chr. die Rückkehr erlaubt wurde, hatten sie sich so an das Leben in Babylon gewöhnt, daß nur 40 000 Personen nach Jerusalem heimfanden. Viele dieser Heimkehrer sprachen Aramäisch als ihre Hauptsprache, während die Juden, die nicht ins Exil gewandert, sondern in Juda geblieben waren, Hebräisch sprachen. Die Einwohner Judas entwickelten bald eine multi-linguale Kultur, und wahrscheinlich verwandten sie Hebräisch und Aramäisch fast gleichwertig.

Im Jahre 167 v. Chr. wurde der Tempel durch den syrischen Seleukidenherrscher über Palästina Antiochus Epiphanes IV entweiht. Kurz darauf erhoben sich die Juden unter der Führung von Judas Makkabäus gegen die Tyrannei und die grausame Politik des Antiochus. Es besteht wenig Zweifel dar- über, daß diese Erhebung, die dann in der Reinigung des Tem- pels im Dezember 164 v. Chr. ihren Höhepunkt fand, eine religiöse Erweckung unter den Juden förderte. Es war der

makkabäische Sieg, der allmählich zur Wiedereinführung der
Sprache der Vorfahren, Hebräisch, führte, der dominanten
Sprache ganz Palästinas.

In jüngerer Zeit gewann die Diskussion um die einzu-
führende Muttersprache der wieder in ihre Heimat, dem modernen Staat Israel, zurückkehrenden Juden das Hebräisch.

## MÜNZEN UND INSCHRIFTEN

Der durch Münzen gelieferte Beweis ist gleichermaßen bedeutungsvoll bei dem Versuch, die sprachliche Situation in der Zeit
Jesu zu bewerten. Ya'akov Meshorer, Kurator der Numismatischen Abteilung des Israel Museums und ihr numismatischer
Experte, hat 215 jüdische Münzen in seinem Katalog auf-
gelistet (siehe Bibliographie S. 141). Von diesen tragen 99
hebräische Inschriften – nur eine einzige hat eine aramäische
Inschrift![2] Vom 4. Jahrhundert v. Chr. (späte Persische Periode)
bis zum Ende der Bar-Kochba-Revolte 135 n. Chr., der gesamten Geschichte jüdischen Münzsystems, wurde nur eine einzige
jüdische Münze, die während der Regierung von Alexander
Jannaeus (103–76 v. Chr.) geprägt worden war, mit einer
aramäischen Inschrift versehen.

Außer dem Münzbeweis gibt es beträchtliche antike Zeugnisse und Inschriften. Die archäologischen Ausgrabungen am
Tempelberg unter der Leitung von Professor Benjamin Mazar
von der Hebräischen Universität sind die umfangreichsten, die
je in Israel unternommen wurden. Seit dem Beginn dieser Ausgrabungen im Jahr 1968 hat man zahlreiche Inschriften zutage
gefördert. Es ist bezeichnend, daß bisher keine aramäischen Inschriften aus der römischen Periode gefunden worden sind.
Alle Inschriften, die man bisher fand, sind entweder in Griechisch, Hebräisch oder Latein.

Zwei dieser Inschriften verdienen nähere Batrachtung. Die
erste ist eine Inschrift auf einem großen Stein, Teil des obersten Verlaufes von Steinen an der Südwest-Ecke des Tempelberges. Während der Zerstörung des Tempels im Jahre 70 n. Chr.

VORDERSEITE                    RÜCKSEITE

*1. Bronzemünze, geprägt durch Alexander Jannaeus.*
*Vorderseite: Ein Anker, eingekreist von der griechischen Inschrift „Von*
*König Alexander". Rückseite: Ein Stern mit acht Strahlen. Um den Stern*
*herum die aramäischen Buchstaben „Der König Alexandros, Jahr 25".*

*2. Bronze-Münze, geprägt durch Herodes den Großen*
*im dritten Jahr seiner Herrschaft. Vorderseite: Griechische Inschrift:*
*„Von König Herodes". Rückseite: Ein Granatapfel.*

*3. Bronze-Münze, geprägt während des Bar-Kochba-Aufstandes.*
*Vorderseite: Hebräische Inschrift „Jerusalem" innerhalb eines Kranzes.*
*Rückseite: Eine Amphore mit der hebräischen Inschrift*
*„shblchr [Jahr zwei der Freiheit von] Israel.*

*4. Silberschekel, geprägt im Jahre 66 n. Chr. während des Großen*
*Jüdischen Aufstandes gegen Rom. Nur Vorderseite: Ein Kelch.*
*Darüber der hebräische Buchstabe „aleph" („Jahr eins").*
*(Alle Fotos mit freundlicher Genehmigung des Israel-Museums.)*

*Luftbild von den archäologischen Ausgrabungen am Tempelberg.*

*Fragment eines Ecksteins des obersten Verlaufs von Steinen an
der Südwest-Ecke des Tempelberges. Das Fragment, gefunden auf dem
Pflaster unter dem Schutt der Zerstörung des zweiten Tempels,
trägt die Hebräische Inschrift „der Ort des Trompetens". (Mit
freundlicher Erlaubnis der israelischen Abteilung für Altertümer.)*

durch Titus und die römische Armee wurde dieser Stein aus einer Höhe von ungefähr 35 Metern auf das Herodianische Pflaster hinuntergestürzt. Dort entdeckten ihn israelische Archäologen 1900 Jahre später. Der Stein wurde durch den Fall zerbrochen, und nur ein Teil der Inschrift ist uns erhalten geblieben. Er lautet in Hebräisch: *„leveit hateki'ah ..."* („der Ort des Trompetens"). Hier wurde das Schofar (Widderhorn) geblasen, um den Anfang und das Ende des Sabbats zu verkünden (s. Josephus, Jüdischer Krieg IV, 582–583).

Die zweite Inschrift enthält nur ein hebräisches Wort – *Korban* (hebr. Opfer), ein Wort, das von Jesus in Mk. 7,11 gesagt wurde, wo es heißt:

Ihr aber sagt: „Wenn ein Mensch zum Vater oder zur Mutter spricht:

Korban – das ist eine Opfergabe – (sei das), was dir von mir zugute gekommen wäre, laßt ihr ihn nichts mehr für Vater oder Mutter tun."

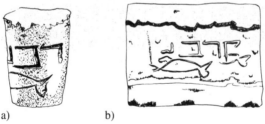

a)                    b)

*a) Ein Fragment von einem steinernen Gefäß, aufgefunden während*
*der Ausgrabungen am Tempelberg in Jerusalem*
*mit der hebräischen Inschrift „Korban" („ein Opfer").*
*b) Ein Wachsabdruck von der Korban-Inschrift.*

Das Wort „Korban" wird mit dieser Aufschrift zum ersten Mal archäologisch in einem nicht-literarischen Kontext dokumentiert.

In Massada, der Festung des Herodes über dem Toten Meer, gruben von 1963 bis 1965 Archäologen unter der Leitung von Professor Yigael Yadin. Das epigraphische Zeugnis ist ver-

blüffend: Fragmente von 14 Rollen, über 4000 Münzen, mehr
als 700 Ostraka (beschriftete Tonfragmente) in Hebräisch,
Aramäisch, Griechisch und Latein. Auch hier ist das Verhältnis von Hebräisch zu Aramäisch mehr als neun zu eins.

*Modell von Massada.*
*Der dreistufige nördliche Palast des Herodes sowie*
*die Lagerräume sind links vorn sichtbar.*

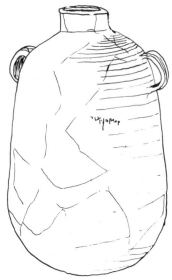

*Ein Krug zur Aufbewahrung von Waren mit der Aufschrift*
*des Namens Shimeon ben Yoezer in Tinte. Der Name ist in hebräischer*
*Halbkursiv-Quadratschrift geschrieben.*

a)

*a) Künstlerische*
*Nachbildung der*
*Kreuzigung eines*
*jüdischen Mannes*
*im ersten Jahr-*
*hundert, gegrün-*
*det auf den*
*Skelettfunden*
*1968 in einem*
*Grab in*
*Givat Hamivtar*
*in Jerusalem.*

b)

*b) Die hebräische Inschrift auf dem Ossuarium, in dem die*
*Gebeine des gekreuzigten Mannes gefunden wurden. Die Inschrift lautet:*
*„Yehohanan ben Hazkul" – „Johannes Sohn des Hazkul".*

*Ein Beinhaus, gefunden in einer Grabhöhle im Kidron-Tal in*
*Jerusalem (Länge 55 cm, Breite 28 cm, Höhe 29 cm) zusammen mit etwa*
*20 weiteren Ossuarien, von denen die meisten Namen trugen,*
*offensichtlich alle von einer Familie. Die Inschrift lautet „Imma"*
*(„Mami"), was – wie „Abba" („Papa", s. Seite 21) – als ein aramäisches*
*Lehnwort allgemein unter den Hebräischsprechenden üblich war.*
*(Mit freundlicher Genehmigung Israel-Abteilung für Altertümer.)*

*Ein Ossuarium, gefunden in einer Grabhöhle im Tal Refaim in
Jerusalem (Länge 50 cm, Breite 30 cm, Höhe 39 cm). Drei Generationen
ein und derselben Familie wurden in diesem Grab beerdigt. Die hebräische
Inschrift lautet: „Die Söhne (d. h. Familienmitglieder) von Eleazar".
(Mit freundlicher Genehmigung Israel-Abteilung für Altertümer.)*

Weitere epigraphische Zeugnisse werden auf Ossuarien gefunden (sogenannte Beinhäuser, bzw. Steinsärge). Bei einem jüdischen Begräbnis in dieser Zeit wurden die Knochen des Ver-

*Der hebräische Name „Jesus" **(Yeshua)**, geschrieben auf einem
Ossuarium aus der Zeit Jesu, gefunden in einem aus Felsen gehauenen
Grab in der Nähe von Jerusalem.*

storbenen genau ein Jahr nach seinem Tod gesammelt und in einem kleinen Behälter aus Stein erneut beigesetzt. Diese Kästen wurden gewöhnlich mit geometrischen oder anderen Zeichnungen versehen und oft mit dem Namen des Verstorbenen beschriftet. Manchmal wurden die Gebeine eines Mannes und einer Frau gesammelt und in dasselbe Ossuarium gelegt.

Diese Inschriften wurden gewöhnlich von einem Familienmitglied oder einem Freund in das Ossuarium eingeritzt, nicht von einem erfahrenen Künstler. So sind sie ein wichtiger Hinweis auf die gesprochene und geschriebene Sprache des einfachen Volkes, wie auch Milik ausgeführt hat:

> Das Vorhandensein von Hebräisch neben Griechisch und Aramäisch auf den Ossuarien (die den Gebrauch der Sprache durch die Mittelklasse darstellen) attestiert mit großer Sicherheit, daß Hebräisch die natürliche Sprache in diesem Milieu war und daß sie nicht ausschließlich auf den religiösen Bereich beschränkt blieb als klassische heilige Sprache. Zum Beispiel ist der Bethphage-Deckel, die Gehaltsliste von Angestellten eines Unternehmers, in Hebräisch geschrieben (Milik 1963:131).

## JOSEPHUS

Josphus war ein jüdischer Historiker des ersten Jahrhunderts n. Chr. Im Jahre 66 n. Chr. zu Beginn des großen Aufstandes gegen Rom, war er Kommandeur der jüdischen Streitkräfte in Galiläa. Als er einsah, daß alles verloren war, ging er zu den Römern über und wurde ihr offizieller Historiker. Seine Schriften liefern uns einen großen Teil zuverlässiger Informationen über die jüdische Kultur und die Ereignisse des ersten Jahrhunderts vor und nach Christus.

In seinen Schriften bezieht sich Josephus oft auf die hebräische Sprache, wenn er die Geschichte des ersten Jahrhunderts beschreibt. Daraus geht eindeutig hervor, daß Hebräisch die gesprochene und geschriebene Sprache des ersten Jahrhunderts war. Trotzdem behaupten dieselben Gelehrten, welche die neutestamentlichen Belege für Hebräisch als Aramäisch deuten, daß, wenn Josephus sich auf Hebräisch bezieht, er eigentlich Aramäisch meint. Grintz widerspricht hier vehement:

> „Eine Untersuchung von Josephus' Schriften demonstriert ohne Zweifel, daß da, wo Josephus *glotta Ebraion* (Hebräische Sprache), *Ebraion dialekton* (Hebräischer Dialekt) etc. schreibt, er immer Hebräisch und keine andere Sprache meint" (Grintz 1960:42).

Grintz untermauert seine Feststellung mit vielen ausgezeichneten Beispielen von Josephus. Nur zwei sollen hier angeführt werden. Die erste ist aus den *Jüdischen Altertümern* von Josephus, I 1:

> Daher enthalten auch wir uns an diesem Tage der Arbeit und nennen ihn Sabbat (Sabbata), was in hebräischer Sprache (Ebraion dialekton) „Ruhe" bedeutet.

Grintz schließt:

> „Josephus leitet, ebenso wie die Bibel, das Wort Sabbat von dem hebräischen „SHBT" ab. Im Aramäischen existiert das Verb „SHBT" nicht. Aramäische Übersetzer gebrauchen statt dessen „NG" (Hervorhebungen durch die Autoren – Grintz 1960:42–43).

Ein zweites Beispiel wird ebenfalls in den *Jüdischen Altertümern* gefunden, I 2:

> Und dieser Mensch hieß Adam, das heißt in hebräischer Sprache (glotta Ebraion) „rot".

Grintz faßt zusammen:

So leitet Josephus *Adam* (Mensch) von *adom*, „rot",
ab. Im Aramäischen wird „rot" ausgedrückt durch
*sumka;* es gibt in dieser Sprache keine Wurzel ADM
(Hervorhebungen durch die Autoren – Grintz 1960:43).

Josephus bezieht sich in der Tat auf aramäische Wörter, es muß
jedoch hervorgehoben werden, daß „Josephus niemals von einem der in ihrer aramäischen Form zitierten Wörter sagte, es
sei Hebräisch." (Grintz 1960:45).


## RABBINISCHE LITERATUR

Die größte und bedeutendste Gruppe von Schriftmaterial aus
der Zeit Jesu ist bekannt als „Rabbinische Literatur". Außer einigen wenigen Worten oder Sätzen ist sie ganz und gar in Hebräisch geschrieben. Die am besten bekannte Literatur ist die
Mishnah. Die Mishnah – oder das mündliche Gesetz – wurde
mündlich weitergegeben, bis sie zuletzt etwa 200 n. Chr. durch
Rabbi Judah Hanasi niedergeschrieben wurde (die heutige He
bräische Standardausgabe ist bei Hanoch Albeck in sechs Bän-
den gedruckt worden). Sie enthält rabbinische Vorschriften, Sitten, Traditionen, Sinnsprüche und homiletisches Material. Die
Mishnah ist nur eins von sechs Werken ähnlichen Umfangs, die
allgemein als „Frühe Rabbinische Literatur" bekannt sind. Sie
alle sind in Hebräisch geschrieben.
    Es mag einige überraschen, aber die meisten schwierigen
Passagen oder Probleme, denen man beim Studium des Neuen
Testamentes begegnet, könnten durch Kenntnis der Rabbinischen Literatur gelöst werden. Viele der Aussprüche Jesu haben ihre Parallelen in der Rabbinischen Literatur:

> Tu seinen Willen, als wäre es dein Wille, damit er
> deinen Willen tue, als wäre es sein Wille (vergleiche
> Mt. 6,10; 7,21). Passe deinen Willen seinem Willen
> an, damit er den Willen anderer mit deinem Willen in

Übereinstimmung bringt. (Avoth 2:4 – vergleiche 1. Petr. 5,6.)

Bemerken wir auch die Ähnlichkeit zwischen der Goldenen Regel (Mt. 7,12) und der folgenden Aussage:

> Rabbi Eliezer sagte: „Laß die Ehre deines Nächsten dir genauso sein wie deine eigene" (Avoth 2:10).

Ähnlich sagt Rabbi Yose:

> Laß den Besitz (Mammon) deines Nächsten dir genauso teuer sein wie deinen eigenen (Avoth 2:12).

Was Rabbi Tarphon sagt, erinnert uns an die Worte Jesu in Lk. 10,2 (Parallele zu Mt. 9,37-38):

> Der Tag ist kurz und die Aufgabe ist groß, und die Arbeiter sind faul, aber die Löhne sind hoch und der Hausherr hat Eile (Avoth 2:15).

Viele rabbinische Worte haben zwar keine direkte Parallele im Neuen Testament, sie klingen aber so ähnlich, daß man von einer Herkunft aus dem Neuen Testament ausgehen könnte.

> Rabbi Jacob sagte: „Diese Welt ist wie eine Eingangshalle, die der zukünftigen Welt vorausgeht. Bereite dich in der Eingangshalle vor, damit du in den Bankettsaal hineingehen darfst" (Avoth 4:16).
> Jede Liebe, die auf vergänglichen Dingen beruht, wird verschwinden, wenn die Dinge verschwinden; aber die Liebe, die nicht auf vergänglichen Dingen beruht, wird ewig bleiben. Welche Liebe war es, die auf vergänglichen Dingen beruhte? – die Liebe des Amnon zu Tamar (2 Sam. 13, 1 ff.). Und welche Liebe beruhte auf unvergänglichen Dingen? – die Liebe Davids zu Jonathan (2 Sam. 1,26 – Avoth 5:16).

Juda, der Sohn von Tema, sagte: „Sei so stark wie der
Leopard, schnell wie der Adler, so leichtfüßig wie die
Gazelle und so tapfer wie der Löwe, um den Willen
deines Vaters im Himmel zu tun" (Avoth 5:20).

### Der Midrash

Der Midrash (rabbinischer Kommentar zur Schrift) sogar, der
Hunderte von Jahren nach Jesus entstand, ist fast ausschließlich
in Hebräisch geschrieben und nur gelegentlich mit aramäischen
Wörtern, Phrasierungen oder Sätzen unterlegt. Nachfolgend ein
Beispiel für midraschisches Material:

„Und es geschah, wenn Mose seine Hand erhob, dann
hatte Israel die Oberhand, wenn er aber seine Hand
sinken ließ, dann hatte Amalek die Oberhand" (Ex.
17,11). Aber konnten denn die Hände des Mose wirklich den Ausgang der Schlacht zum Besseren oder
zum Schlechteren beeinflussen? Es geht vielmehr
darum, dich zu lehren, daß, solange die Israeliten ihre
Gedanken nach oben richteten und ihre Herzen in Unterwerfung gegen ihren Vater im Himmel hielten, sie
siegten; sonst mußten sie die Niederlage erleiden.
Man kann dasselbe auch über den Vers sagen: „Mach
dir eine Schlange und tu sie auf eine Stange, und es
wird geschehen, jeder, der gebissen ist und sie ansieht,
der wird am Leben bleiben" (Num. 21,8). Aber konnte
denn diese Schlange töten oder konnte diese Schlange
heilen? – Vielmehr soll es dich lehren, daß, solange
die Israeliten ihre Gedanken nach oben richteten und
ihre Herzen in Unterwerfung gegen ihren Vater im
Himmel hielten, sie geheilt wurden; sonst wurden sie
hinweggetan (Rosh Hashana 3:8).

## Jüdische Gebete

Die jüdischen Gebete, von denen einige aus der Zeit Jesu oder früher stammen, sind fast alle in Hebräisch geschrieben. Die folgenden Gebete erinnern uns stark an das Vaterunser:

> Möge dein Wille oben im Himmel getan werden und gewähre Frieden und Zufriedenheit denen, die dich fürchten, und tue das, was dich am besten dünkt (Tosefta Berachoth 3:7).
>
> Möge es dein Wille sein, o Herr, mein Gott, daß ich dein Gesetz kenne, und mache du es, daß ich mich an deine Gebote halte.
>
> Führe mich nicht in Sünde, noch in Ungerechtigkeit, noch in Versuchung, noch in Unehre.
>
> Bringe mein Innerstes dazu, dir zu dienen, und halte mich fern von einem bösen Menschen oder einem bösen Begleiter.
>
> Gib mir in diesem Leben gute Wünsche und gute Begleiter.
>
> Und laß mich heute und alle Tage Gnade, Gunst und Barmherzigkeit in deinen Augen finden und in den Augen aller, die mich sehen, und gewähre mir deinen größten Segen.
>
> Gepriesen seist du, o Herr, der seinem Volk Israel seinen besten Segen schenkt (Berachoth 60 b).

## Rabbinische Gleichnisse

In den Evangelien sehen wir, daß das Gleichnis eine der beliebtesten Lehrmethoden Jesu war. Die Rabbinische Literatur enthält fast 5 000 Parabeln. Nur zwei sind in Aramäisch bekannt! Es folgt das Beispiel eines rabbinischen Gleichnisses:

> Wem ist der gleich, dessen Weisheit größer ist als seine Werke? Er ist wie ein Baum, dessen Zweige

viele sind, aber dessen Wurzeln wenige. Der Wind
kommt und entwurzelt ihn und reißt ihn heraus. Der
aber, dessen Werke größer sind als seine Weisheit,
wem ist er gleich? Einem Baum, dessen Zweige wenige sind, aber der viele Wurzeln hat. Auch wenn alle
Winde gegen ihn kommen, können sie ihn nicht be-
wegen (Avoth 3:18 – bemerke die Parallele zu Mt.
7,24-27).

Ein besonderer Parabeltypus ist die „Königsparabel", eine oft
von Jesus gebrauchte Form. Die rabbinischen „Königsparabeln" wurden von I. Ziegler gesammelt und 1903 in Breslau
veröffentlicht. Ziegler führt 937 solcher Königsparabeln auf.
Hier ist ein Beispiel, dem ein typischer Dialog zwischen einem
Rabbi und seinem Jünger vorausgeht:

> Rabbi Eliezer sagte: „Tue Buße einen Tag vor deinem
> Tod." Sein Jünger fragte ihn: „Wie kann ein Mensch
> wissen, an welchem Tag er stirbt?" Er sagte: „Um so
> mehr soll er heute Buße tun. Vielleicht stirbt er schon
> morgen." Es folgt daraus, daß ein Mensch jeden Tag
> Buße tun soll. Darum sagte Salomo in seiner Weis-
> heit: „Laß deine Kleider immer weiß sein und laß dei-
> nem Haupt das Öl nicht fehlen" (Pred. 9,8).
> Rabbi Yochanan, der Sohn des Zakkai, lehrte eine Pa-
> rabel: „Es ist wie ein König, der seine Diener zu ei-
> nem Fest einlud und keine Zeit für sie festsetzte, wann
> sie ankommen sollten. Die Weisen schmückten sich
> und warteten an der Tür des Palastes, denn sie sagten:
> „Fehlt etwas im Palast?" Die Törichten arbeiteten
> weiter, denn sie sagten sich: „Wird je ein Fest gefei-
> ert ohne Vorbereitungen?" Plötzlich befahl der König
> seine Diener zu sich. Die Weisen gingen so ge-
> schmückt, wie sie waren, in den Palast hinein, aber
> die Törichten gingen mit ihren Arbeitskleidern hinein.
> Der König freute sich, als er die Weisen sah, aber er
> wurde zornig, als er die Törichten sah, und sagte:

> „Diejenigen, die sich für das Fest geschmückt haben,
> sollen niedersitzen und essen und trinken, aber diejenigen, die sich nicht für das Fest geschmückt haben,
> sollen stehen und zusehen" (Sabbat 153 a).

Bemerken wir die auffallende Ähnlichkeit zwischen der obigen Parabel und dem Gleichnis von den Zehn Jungfrauen in Mt. 25,1-13.

Es folgt ein weiteres Beispiel einer Königsparabel aus der Rabbinischen Literatur, gefolgt von ihrer Interpretation:

> Die Sache kann mit einem König verglichen werden,
> der ein Bankett ausrichtete und dazu seine Gäste einlud. Der König erließ ein Dekret, das besagte: „Jeder
> Gast muß etwas mitbringen, auf das er sich lehnen
> kann." Einige brachten Teppiche, andere brachten Matratzen oder Polster oder Kissen oder Hocker, wieder
> andere brachten Holzstücke oder sogar Steine. Der
> König beobachtete, was sie taten, und sagte: „Jeder
> soll sich auf das setzen, was er gebracht hat. „Diejenigen, die sich auf Holz oder Stein setzten, murrten
> gegen den König. Sie sagten: „Ist das ehrfurchtsvoll
> für den König, daß wir, seine Gäste, auf Holz und
> Stein sitzen sollen?" Als der König das hörte, sagte er
> zu ihnen: „Ist es nicht genug, daß ihr mit eurem Holz
> und Stein den Palast in Verruf gebracht habt, der für
> mich unter großen Kosten errichtet wurde, ihr jedoch
> wagt es sogar, eine Klage gegen mich zu erfinden!
> Der Mangel an Respekt euch gegenüber ist das Resultat eurer eigenen Tat".
> Ähnlich wird es sein im Jenseits: Die Bösen werden
> nach Gehinnom verurteilt werden und gegen den Heiligen, gepriesen sei sein Name, sagen: „Wir suchten
> das Heil. Wie konnten wir nur solch einem Schicksal
> verfallen?" Er wird ihnen antworten: „Als ihr auf Erden wart, habt ihr da nicht gestritten, verleumdet und
> Böses getan? Wart ihr nicht verantwortlich für Kampf

und Gewalt? Darum ist geschrieben: „Alle, die ihr ein
Feuer anzündet, die ihr euch umgebt mit Feuerbrän-
den, wandelt in der Flamme eures Feuers und unter
den Bränden, die ihr angesteckt habt (Jes. 50,11)".
Wenn ihr sagt: „Das haben wir aus deiner Hand, ist
es nicht so, ihr habt es euch selber zugefügt, und
darum werdet ihr niederliegen in Qual (*ibid*)" (Prediger Rabbah 3:9).

Beachten wir auch die Ähnlichkeit zwischen diesem Gleichnis
und dem Gleichnis vom Hochzeitsmahl in Mt. 22,1-14 (parallel zu Lk. 14,16-24). Vergleiche auch Mt. 7,21-23 und 25,
41-46.

Die rabbinischen Gleichnisse geben uns einen klaren Hinweis auf die Sprache, in welcher Jesus lehrte. Jesus war sorgfältig im geschriebenen und mündlichen Gesetz unterwiesen.
Wie wir bereits oben angeführt haben, folgte er den rabbinischen Sitten und lehrte in Gleichnissen und gebrauchte oft die
„Königsparabeln". Wie andere Weise des ersten Jahrhunderts
hat er sicherlich seine Gleichnisse in Hebräisch mitgeteilt.[3]

Wir verfügen über anschauliche Textbeweise, daß Jesus
seine Gleichnisse in Hebräisch lehrte. Illustriert durch das
Gleichnis vom Verlorenen Sohn läßt sich nachweisen, wie „Hebräisch" sie waren:

> *Und* sein Vater sah ihn *und* hatte Mitleid *und* rannte
> *und* fiel ihm um den Hals *und* küßte ihn ... *und* der
> Vater sagte zu seinen Dienern: „Bringt schnell das be-
> ste Kleid *und* tut es ihm an *und* tut (buchstäblich
> ‚gibt', ein hebräisches Idiom) einen Ring an seine
> Hand und Sandalen an seine Füße, *und* bringt das
> gemästete Kalb, *und* tötet es *und* laßt uns essen *und*
> fröhlich sein" (Lk. 15,20.22.23).

Dieser Abschnitt ist ein hervorragendes Beispiel für sämtliche charakteristischen Merkmale der hebräischen Syntax.
Griechisch verfügt, wie alle anderen europäischen Sprachen,

nicht über diese Art der Satzstruktur mit der dauernden Wiederholung der Konjunktion „und". Das Griechisch zieht die Unterordnung eines unabhängigen Satzteils gegenüber dem Hauptsatzteil vor. Zum Beispiel: „Als ich aufgewacht war, zog ich mich an. Sobald ich mit dem Frühstück fertig war, putzte ich mir die Zähne. Nachdem ich die Morgenzeitung gelesen hatte, fuhr ich zur Arbeit". Das Hebräische dagegen verbindet bevorzugt die einzelnen Satzteile mit einem „und".[4] Für den Europäer ist der ständige Gebrauch von „und" häßlich und manchmal irritierend. Hebräisch würden wir das obige Beispiel folgendermaßen formulieren: „*Und* ich wachte auf *und* ich zog mich an *und* ich aß Frühstück *und* ich putzte mir die Zähne *und* ich las die Morgenzeitung *und* ich fuhr zur Arbeit".

Wir begegnen dieser Syntax auch oft im Alten Testament. Die sehr wörtliche Übersetzung der Autoren eines kurzen Abschnittes soll uns als Beispiel dienen:

> *Und* die Erde war ohne Form und leer. *Und* Finsternis war auf dem Angesicht der Tiefe. *Und* der Geist Gottes bewegte sich auf dem Angesicht der Wasser. *Und* Gott sagte: „Es werde Licht". *Und* es ward Licht. *Und* Gott sah das Licht, daß es gut war. *Und* Gott teilte zwischen dem Licht und der Finsternis. *Und* Gott nannte das Licht Tag. *Und* ER nannte die Finsternis Nacht. *Und* es war Abend *und* es war Morgen – erster Tag (Gen. 1,2-5).

Dieses, wie auch andere grammatikalische Merkmale in den Evangelien, ist unstreitig eine unabhängige Bestätigung dafür, daß die Lebensgeschichte Jesu ursprünglich in Hebräisch geschrieben worden ist. Aus welchem Grund erkennen wir die hebräische Quelle unserer Evangelien nicht an, wenn wir Merkmalen wie dem übermäßigen Gebrauch des Bindewortes „und" begegnen? Der deutsche Leser hat sich durch die Lektüre wörtlicher Übersetzungen des Alten Testamentes so an diesen Stil gewöhnt, daß, wenn er im Neuen Testament vorkommt,

er ihn nicht als hebräischen Stil erkennt. Er sollte ihn sofort als
einen Beweis erkennen, daß die Evangelien von einem hebräischen Original abgeleitet worden sind.

---

1   Eine wahrscheinlichere Erklärung für das Vorhandensein von Targumim
    ist die, daß sie einen sehr nützlichen Dienst taten für die zwei- und
    mehrsprachigen Bewohner des Landes Israel – die aramäische Übersetz-
    zung interpretierte den hebräischen Text. Aus religiösen Gründen konnte
    das hebräische Original nicht einmal auch nur geringfügig verändert oder
    erweitert werden, aber seine aramäische Übersetzung durfte, wo es nötig
    war, kommentieren und schwer verständliche Abschnitte erklären.
2   Die Münzen mit griechischen Inschriften sind sogar zahlreicher als die
    mit hebräischen Inschriften. Die griechischen Münzen jedoch stammen
    fast ausschließlich aus der Zeit des römischen Quislings Herodes und sei-
    ner Erben. Alle von Herodes geprägten Münzen und seiner Nachfolger
    (insgesamt 111) waren mit griechischen Inschriften versehen: 19 Münzen
    von Herodes, 7 von Archelaus, 13 von Antipas, 9 von Philippus, 9 von
    Agrippa I und 54 von Agippa II (4 Münzen von Agrippa II., die 86 und
    87 n. Chr. geprägt wurden, tragen neben ihren griechischen auch lateini-
    sche Inschriften). Im Gegensatz dazu waren die während der kurzen Pe-
    rioden jüdischer politischer Selbständigkeit geprägten Münzen mit he-
    bräischen Inschriften versehen: 32 Münzen der Makkabäer (eine trägt
    eine aramäische Inschrift, sieben hebräische und griechische Inschriften),
    17 Münzen wurden während des Großen Aufstandes gegen die Römer ge-
    prägt (66–70 n. Chr.), und 51 Münzen wurden von Bar-Kochba (132–135
    n. Chr.) geprägt.
3   Die Weisen waren die Bibellehrer und Prediger ihrer Zeit. Sie lehrten das
    einfache Volk, indem sie oft Gleichnisse benutzten, um damit ihre Ab-
    sicht klarzumachen. Daß sie ausschließlich in Hebräisch lehrten, ist
    höchst bezeichnend. Können die Befürworter der aramäischen Theorie
    auch nur einen einzigen palästinischen Weisen aus dem ersten Jahrhun-
    dert, der dort geboren ist, benennen und der Aramäisch gelehrt hat? (Es
    ist wahr, Hillel wird manchmal in Aramäisch zitiert, aber Hillel war ein
    Emigrant aus Babylonien.)
4   Das Aramäisch, ähnlich wie Hebräisch und andere semitische Sprachen,
    verbindet ebenfalls Satzteile mit „und", aber Aramäisch, besonders das
    biblische Aramäisch, gebraucht bemerkenswerterweise „und" weniger als
    Hebräisch.

# Kapitel 5

# Der Beweis
# der Evangelientexte

Einer der besten Hinweise auf das hebräische Original der synoptischen Evangelien wird in den Texten der Evangelien selbst gefunden. Der hebräische Text im Hintergrund wird nicht nur durch die Satzstruktur, sondern durch viele Ausdrücke und idiomatische Redewendungen deutlich, die typisch sind für die hebräische Sprache. Die Unfähigkeit, diese Hebraismen zu erkennen, hat viele Schwierigkeiten bei der Interpretation und bei dem Verständnis vieler Worte Jesu hervorgerufen. Paradoxerweise sind die kaum verständlich erscheinenden Abschnitte nicht annähernd so geeignet, mißinterpretiert zu werden wie die Abschnitte, von deren rechtem Verständnis allgemein ausgegangen wird, obwohl dies nicht der Fall ist. Bei den „unmöglichen" Worten erheben wir unsere Hände und bringen zum Ausdruck: „Eines Tages werde ich sie verstehen".[1] Sie sind so unverständlich, daß wir nicht einmal den Versuch der Auslegung unternehmen. Demgegenüber scheinen manche Aussprüche Jesu in einer deutschen Übersetzung sinnvoll zu sein, und doch bedeuten sie etwas völlig anderes als das, was wir denken.

Einige Beispiele:

- Das Reich Gottes ist nahe gekommen (Lk. 10.9).[2]
- Was immer du auf der Erde binden (lösen) wirst, wird in den Himmeln gebunden (gelöst) (Mt. 16,19).[3]

- Wenn nicht eure Gerechtigkeit vorzüglicher ist als die der Schriftgelehrten und Pharisäer, werdet ihr nicht in das Reich der Himmel eingehen (Mt. 5,20).[4]
- Meint nicht, daß ich gekommen sei, das Gesetz oder die Propheten aufzulösen. Ich bin nicht gekommen aufzulösen, sondern zu erfüllen. Denn wahrlich, ich sage euch: „Bis die Himmel und die Erde vergehen, soll auch nicht ein Jota oder ein Strichlein von dem Gesetz vergehen, bis alles geschehen ist" (Mt. 5, 17-18).[5]

Die obigen Aussprüche scheinen alle sinnvoll zu sein. Das Problem ist, daß viele Worte in Hebräisch Zwischentöne haben, über die die deutsche Sprache nicht verfügt. Ein hebräisches Wort hat oft eine viel umfangreichere Bedeutung als das wörtliche Gegenstück in Deutsch oder Griechisch. Da unsere deutschen Evangelien von einem hebräischen Original abgeleitet sind, bedeuten viele der deutschen Ausdrücke nicht das, was sie zu bedeuten scheinen. Wie nicht anders von einer Übersetzung aus dem Hebräischen zu erwarten ist, begegnen wir der umfangreichen hebräischen Bedeutung vieler Ausdrücke im Gegensatz zur begrenzten deutschen oder griechischen Bedeutung. Zum Beispiel bedeutet in Hebräisch „Haus" nicht nur eine „Wohnstätte", sondern „ein Heim", „Haushalt", „Familie"[6], „Stamm", „Dynastie", „eine rabbinische Schule" (z.B. die Nachfolger eines bestimmten Weisen, wie das Haus des Hillel) und „Tempel". Es kann auch „Gefäß" bedeuten, ebenso wie „Ort" oder" Stelle". Darüber hinaus hat im Hebräischen „Haus von", gefolgt von einem anderen Substantiv, eine derartig weite idiomatische Bedeutung, daß es mehr als 200 verschiedene Redewendungen gibt, die mit „Haus von" beginnen. Im Hebräischen kann „Sohn" nicht nur einen männlichen Abkömmling bedeuten, sondern auch „Nachkomme", „Bürger", „Mitglied" oder sogar „Jünger" bzw. „Schüler".[7]

Es gibt eine weitere Spur, die uns auf das Vorhandensein eines hebräischen Textes im Hintergrund führt. Oft, wenn wir die Worte Jesu in deutschen Übersetzungen lesen, wird der Sinngehalt zwar ausgedrückt, aber doch in nicht präzisem Deutsch – in einer ungebräuchlichen Art und Weise. Wir bemerken das meist nicht, weil wir diesen hebräischen Redewendungen so oft im Alten Testament begegnet sind. Zum Beispiel lesen wir in Lk. 16,23, daß ein gewisser reicher Mann „seine Augen aufhob und sah". Es handelt sich zwar um einen schönen hebräischen Ausdruck, aber das ist kein gutes Griechisch und gewiß kein gutes Deutsch. In deutsch würden wir ganz einfach sagen, daß der reiche Mann „schaute".

Wenn wir von Hebraismen oder hebräischen Redewendungen in unserem griechischen oder deutschen Text sprechen, meinen wir eigentlich buchstäbliche Übersetzungen – allzu buchstäbliche Übersetzungen hebräischer Idiome. Wie kann man diese Buchstäblichkeit entdecken? Dieser Sachverhalt läßt sich erkennen, wenn jemand zwar in einer bestimmten Sprache spricht, aber in einer anderen Sprache denkt. Wenn wir z.B. jemanden sagen hören: „Hilf mir zu finden den Ball", dann wissen wir, daß dahinter jemand steckt, der spanisch denkt, oder: „Ich möchte jemand ein Buch zu geben", das deutet darauf hin, daß der Sprecher wohl ein Niederländer ist. „Wir werden froh sein, eure Angesichter auf der Geburtstagsparty unseres Sohnes zu empfangen", sagt uns, der Sprecher denkt mit Sicherheit in Hebräisch. Wir können die Muttersprache eines Sprechers erkennen, weil jede Sprache ihre einzigartigen Redewendungen und Satzstrukturen besitzt. Oft kann nur die Person, welche die Sprache des Idioms genau kennt, die Redewendung verstehen.

Streng buchstäbliche Übersetzungen hebräischer Redewendungen geben dem Leser oft einen falschen Eindruck. Das erinnert an die Geschichte des kleinen Jungen, der dachte, Gottes rechte Hand sei völlig unnötig und er führe alles mit seiner linken Hand aus, weil der Kleine immer hörte, daß Jesus zur rechten Hand Gottes sitze.

Wir alle kennen viele hebräische Ausdrücke aus dem Alten Testament. Zum Beispiel: „Noah fand Gnade in den Augen des Herrn" (Gen. 6,8), was einfach nur bedeutet, daß Gott Noah

liebte oder sich über ihn freute. Der Ausdruck „erkennen" mit
der Bedeutung sexueller Beziehungen steht in Gen. 4,1: „Und
Adam *erkannte* Eva, seine Frau, und sie empfing und gebar
Kain." Diese Redewendung finden wir auch in Lk. 1,34, wo
Maria dem Engel Gabriel sagt: „Wie soll dies geschehen, da
ich doch von keinem Mann weiß?"

Jesu Worte sind mit hebräischen Redewendungen angerei-
chert. Einige von ihnen klingen in Deutsch komisch oder sogar lächerlich, nehmen wir z. B. „eure Namen als böse verwerfen"; „das Aussehen seines Angesichts veränderte sich";
„nehmt ihr diese Worte in eure Ohren!" oder „er richtete sein
Angesicht fest darauf ..."[8]

Oft lassen sich komplette Sätze oder sogar Abschnitte unserer Evangelien Wort für Wort direkt zurück ins original Hebräische übersetzen. Als Jesus seinen ausgesandten Jüngern
seinen Befehl gab, sagte er: „In welches Haus ihr aber eintretet, sprecht zuerst *Shalom* diesem Haus. Wenn dort ein Sohn
des *Shalom* ist, so wird euer *Shalom* auf ihm ruhen, aber wenn
nicht, so wird er zu euch zurückkehren" (Lk. 10,5-6). Es bedarf keiner Erläuterung, daß man in Deutsch weder „*Shalom*"
noch „Frieden" zu einem Haus sagen kann, oder daß Friede auf
jemandem ruht oder zu jemandem zurückkehrt. Im Hebräischen ist das aber völlig sinnvoll.[9]

In Lk. 1,13 wird Zacharias von dem Boten Gottes gesagt,
daß er und seine Frau Elisabeth einen Sohn haben würden und
daß sie „seinen Namen Johannes nennen" sollten. Das ist ebenfalls weder gutes Deutsch noch gutes Griechisch. In Deutsch
würden wir einfach sagen: „Nenne ihn Johannes" oder „Gib
ihm den Namen Johannes." Dieselben hebräischen Worte wurden Maria vom Engel Gabriel gesagt: „Du sollst seinen Namen
Jesus nennen" (Lk. 1,31). „Nenne seinen Namen" ist ein gutes
hebräisches Idiom, das oft im Alten Testament vorkommt, wie
z. B. Jes. 9,6: „Und sein Name wird genannt werden Wunderbar ..."

Diese obigen Beispiele sollen illustrieren, wie hebräische
Redewendungen fast unbemerkt in unsere Übersetzungen ein-
gedrungen sind. Äußerst bedauerlich ist dabei, daß viele dieser

Hebraismen von unseren Übersetzern, einschließlich der neueren, gar nicht mehr bemerkt wurden.

Wie bereits dargelegt, bedeuten gewisse Worte in den Evangelien nicht immer das, was sie zu bedeuten scheinen. Hier sind ein paar weitere Beispiele:

> *Gott gedachte Rachel ...*
> *Sie wurde schwanger und gebar einen Sohn.*

„Gedenken" bedeutet manchmal „jemandem einen Gefallen tun" oder „sich für jemanden einsetzen", wie beispielsweise obige Bibelstelle in 1. Mo. 30,22-23. Sollen wir denn annehmen, daß Gott Rachel für eine Zeit vergessen und sich dann plötzlich ihrer erinnert hat? Gewiß nicht!

In 1. Mo. 40,14 bat Joseph den Obermundschenk, seiner zu „gedenken", wenn er wieder in seine Stellung am Hof des Pharao eingesetzt würde. Doch der Mundschenk „gedachte" Joseph's nicht, sondern „vergaß" ihn, wie es in Vers 23 heißt. Sollen wir nun annehmen, daß Joseph nur wollte, daß er sich von Zeit zu Zeit an ihn erinnern solle, wenn er wieder Obermundschenk sein würde? Nein, Joseph bat den Obermundschenk sich seinetwegen bei dem Pharao zu verwenden. In Lk. 23,42 bat der Verbrecher am Kreuz Jesus: „*Gedenke* meiner, wenn du in dein Reich kommst." Jesus wartete nicht mit der Gewährung der Gnade. Seine sofortige Antwort war: „Heute wirst du mit mir im Paradies sein."

> *Der Obermundschenk jedoch gedachte Josephs*
> *nicht, sondern vergaß ihn.*

„Vergessen" ist ein weiteres Wort, das nicht immer das bedeutet, was es in unseren deutschen oder englischen Bibelübersetzungen zu bedeuten scheint. Es kann beinhalten „sich nicht für jemanden einsetzen" oder jemanden „aufgeben". Wie bereits oben in 1. Mo. 40,23 festgestellt, „vergaß" der Obermundschenk Joseph, d. h. er tat einfach nichts für ihn. In 1. Sam. 1,11 flehte Hanna den Herrn an, sie nicht zu „vergessen" bzw.

sie nicht aufzugeben, sondern sich an sie zu „erinnern"; mit anderen Worten, sie mit einem Sohn zu beschenken.

*Die Taufe des Johannes, woher war sie –*
*vom Himmel oder von Menschen?*

Schon zur Zeit des Zweiten Tempels hatten die Juden eine Abneigung dagegen entwickelt, den Namen Gottes zu benutzen, und zwar aus Angst, das dritte Gebot zu übertreten. Sie ersetzten das Wort „Gott" durch verständliche Synonyme wie beispielsweise „der Name" (eine Abkürzung für „der Name des Herrn"), „der Ort", „die Kraft" und „Himmel" (wie in Mt. 21,25). In dem Ausdruck „Himmelreich" oder „Reich der Himmel" wird dieses Ersatzwort deutlich gesehen. In Lk. 15,18 sagt der Verlorene Sohn: „Ich habe gesündigt gegen den Himmel …" Auch hier ist „Himmel" ein klarer Ersatz für „Gott".

*Und an jenem Tage*
*wurden etwa 3000 Seelen hinzugetan.*

„Seele" kann „Person" bedeuten, wie in diesem Vers Apg. 2,41 (vergleiche auch Apg. 2,43; 7,14; 27,37). Es kann auch manchmal das „Selbst" bedeuten (Lk. 12,19: „Und ich will sagen zu meiner *Seele*: „Seele …") oder „Leben" (Lk. 12,20: „Heute wird deine *Seele* von dir gefordert werden", und in Mt. 16,26: „Denn was wird es einem Menschen nützen, wenn er die ganze Welt gewönne, aber seine *Seele* einbüßte, oder was wird ein Mensch als Lösegeld geben für seine *Seele*?").

*Die Weisheit ist gerechtfertigt worden*
*von allen ihren Kindern*

„Weisheit" hat in englisch oder deutsch immer einen positiven Begriffsinhalt, aber in hebräisch kann dieses Wort Schlauheit, List oder sogar Dummheit bedeuten. Im Kontext der obigen Bibelstelle – Lk. 7,35 – wird Weisheit in einem negativen Sinn gebraucht. Johannes der Täufer, ein Asket, war von den religiösen Führern beschuldigt worden, er habe einen Dämon. Andererseits wurde Jesus, der nicht das Leben eines Asketen führte, von ihnen bezichtigt, ein Fresser und Weinsäufer zu sein und sich mit den Zöllnern und Sündern abzugeben. Jesus erwiderte: „Die *Weisheit* ist gerechtfertigt worden von allen ihren Kindern." Er sagte einfach und klar in einer hebräischen Redensart: „Ihr könnt sagen, ob Weisheit wirklich Weisheit oder Torheit ist durch die Folgerichtigkeit oder Widersprüchlichkeit der Argumente. Da eure Argumente so widersprüchlich sind, habt ihr selbst einen klaren Hinweis auf eure Dummheit."

> *Im Nu ist nahe meine Gerechtigkeit,*
> *mein Heil ist hervorgetreten ... (Jes. 51,5).*

Im Hebräischen gibt es viele Synonyme für „Heil". Das Wort „Heil" selbst wird wenig gebraucht.[10]

Andere Wörter drücken dieses Konzept viel kräftiger aus. „Gerechtigkeit" ist eines der Synonyme für „Heil". Zion wird die Stadt der *Gerechtigkeit* genannt (Jes. 1,26). Der Stamm Davids wird „Der Herr ist unsere *Gerechtigkeit*" genannt (Jer. 23,6; 33,16). In seiner großen Verzweiflung bittet David Gott, seinen Zorn auf seine Feinde auszuschütten: „Laß sie nicht hineinkommen in deine *Gerechtigkeit*. Sie sollen ausgelöscht werden aus dem Buch des Lebens und nicht eingeschrieben werden mit den Gerechten" (Ps. 69,27-28). Jesus mahnt seine Jünger, zuerst „das Himmelreich und seine *Gerechtigkeit* zu suchen" (Mt. 6,33). Die da „hungern und dürsten nach *Gerechtigkeit* sind glückselig" (Mt. 5,6). Aus solchen Leuten besteht das Himmelreich.

> *Siehe mein Knecht, den ich erwählt habe, mein Geliebter, an dem meine Seele Wohlgefallen gefunden hat. Ich werde meinen Geist auf ihn legen, und er wird den Nationen Gericht ankündigen (Mt. 12,18; Jes. 42,1).*

Sogar das hebräische Wort „Gericht" kann „Heil" heißen. Auf dieselbe Art und Weise kann das Wort „richten" oft „retten" besagen. Als David in Schwierigkeiten ist, schreit er laut: „*Richte* mich, o Gott ...!" (Ps. 43,1). Die Richter des Alten Testaments waren Retter oder Befreier des Volkes, und nicht Richter in dem modernen Sinn des Wortes. Gott wird auch der *Richter* genannt (Ri. 11,27; Jes. 33,22) oder der „*Richter* der ganzen Erde" (1. Mo. 18,25; Ps. 94,2). „Gerechtigkeit und *Gericht* „sind deines Thrones Grundfeste" (Ps. 89,14). Immer wieder nimmt der Prophet Jesaja das Wort „Gericht" oder „Recht" als ein Synonym für „Heil" in den Mund: „Darum ist das *Recht* fern von uns; und die Gerechtigkeit erreicht uns nicht ... Wir hoffen auf *Recht (Gericht)*, aber da ist keins ...; So ist das *Recht (Gericht)* zurückgedrängt und die Gerechtigkeit steht ferne" (Jes. 59,9.11.14).

Jesus verhieß seinen Jüngern, daß sie auf 12 Thronen sitzen und die 12 Stämme Israel richten würden (Mt. 19,28, Parallele zu Lk. 22,30). Sollen die Jünger in der Zukunft etwa als Richter dasitzen, um Strafen über Angehörige der Stämme Israels auszusprechen? Nein, *sie* sollen Befreier oder Retter sein! Jesus bezieht sich auf Psalm 122. In diesem Psalm ist die Stadt des Heils – Jerusalem – die Stadt, zu der die Stämme Israels hinaufgehen werden, und dort werden Throne (beachten wir den Plural!) zum Gericht (d. h. Heil) aufgerichtet.

Natürlich ist „Gericht" oder „Recht" in der Bibel nicht immer ein Synonym für „Heil". Es ist oft ein Synonym für „Zerstörung" oder „Verdammnis". Wie kann nun der deutsche Leser zwischen diesen beiden Bedeutungen unterscheiden? Er kann es nicht, es sei denn, er ist sich darüber im klaren, daß der Text, den er liest, eine Übersetzung aus dem Hebräischen ist und daß er weiß, daß im Hebräischen das Wort „Gericht" weitere Bedeutungen haben kann, die im Deutschen nicht existieren. Ausgestattet mit diesem Wissen, kann er das tun, was auch ein hebräischer Leser tut – auf der Grundlage des Kontextes entscheiden, welche Bedeutung von „Gericht" gemeint ist.

*Mose sagte: „Einen Propheten wird euch der Herr, euer Gott, aus euren Brüdern erwecken, gleich mir. Auf ihn sollt ihr hören in allem, was er zu euch reden wird.*

*Es wird aber geschehen: Jede Seele, die auf jenen Propheten nicht hören wird, soll aus dem Volk ausgerottet werden"* (Apg. 3,22-23; 5. Mo. 18,15.18.19).

„Hören" kann manchmal „gehorchen" bedeuten, wie in Lk. 9,35: „Dieser ist mein geliebter Sohn, ihn hört."

*Das Reich Gottes ist euch nahe gekommen*

Im Hebräischen bedeutet das Wort „nahe herbeikommen" „dasein". Wenn wir Lk. 10,11, die erwähnte Bibelstelle, zu verstehen versuchen, indem wir das griechische Wort *engiken* (übersetzt mit „nahe herbeigekommen") lesen, kommen wir in Schwierigkeiten. *Engiken* bedeutet: „dabei sein zu erscheinen" oder „fast hier". Wenn wir es jedoch zurückübersetzen ins Hebräische, erhalten wir eine völlig andere Bedeutung. Das hebräische Äquivalent von *engiken* ist das Verb *karav*, das bedeutet „kommen und dabeisein" oder „dort sein, wo jemand oder etwas ist".

Das griechische *engiken* oder das deutsche „nahe" bedeutet: „Es ist noch nicht da." Die Konsequenz wäre, daß das Reich Gottes noch in der Zukunft liegt, mit anderen Worten: es ist noch nicht da. Das hebräische *karav* bedeutet genau das Gegenteil: „Es ist hier! Es ist gekommen!"

Als der König Ahas in Damaskus war und den Altar dort sah, sandte er ein Modell mit den genauen Maßen an Uria, den Priester in Jerusalem. Uria baute ihn und stellte ihn fertig, bis der König zurückkam. 2 Kön. 16,12 berichtet: „Und als der König aus Damaskus kam, da sah der König den Altar, und der König trat (*karav*) an den Altar und stieg auf ihn hinauf." Der König ging, mit anderen Worten, direkt zu dem Altar hin und stand entweder direkt neben ihm oder auf ihm. Er war genau da!

Eine andere Stelle, in deren Zusammenhang *karav* gebraucht wird, ist 5. Mo. 22,13-14, wo es heißt: „Wenn ein Mann eine Frau nimmt und zu ihr eingeht, und er haßt sie und legt ihr Taten zur Last, die sie ins Gerede bringen, und bringt sie

in schlechten Ruf und sagt: ‚Diese Frau habe ich genommen
und mich ihr genaht *(karav)* und habe die Zeichen der Jung-
frauschaft nicht an ihr gefunden‘, dann . . .“ Hier wird das Wort
„nahe gekommen“ *(karav)* in derselben Art und Weise gebraucht, wie „erkennen“ ab und zu in der Bibel gebraucht wird
– das bedeutet, „nahe kommen“ und „erkennen“ sind manchmal hebräische Ausdrücke für das Vorhandensein sexueller Beziehungen.

In 1. Mo. 20,4 wird uns berichtet, daß Abimelech „sich Sa-
rah nicht *genaht* hat“. Obwohl Abimelech Abrahams Frau genommen hatte, um mit ihr zu leben (V. 2), hatte er mit ihr keine
sexuellen Beziehungen. In Jes. 8,3 lesen wir, daß der Prophet
Jesaja sich der Prophetin „*nahte* (d. h. seiner Frau), und sie
wurde schwanger und gebar einen Sohn“. Erneut sehen wir hier
den idiomatischen Gebrauch von *karav.*

*Karav* schließt nicht notwendigerweise ein, daß überhaupt
eine Distanz zwischen dem bestehen muß, dem man sich naht
oder das näher kommt. Das ist für das Verständnis solcher Abschnitte wie Lk. 10,9 sehr wichtig: „Das Reich Gottes ist *nahe
zu euch gekommen.*“ Wir können sehen, wie das Griechische
oder Deutsche ein falsches Konzept vom Reich Gottes hinter-
läßt, und zwar als noch in der Zukunft liegend. Das Hebräische gibt den richtigen Eindruck: Gegenwart – JETZT! Das
Himmelreich oder Reich Gottes ist immer Gegenwart, „gerade
jetzt“, gemäß dem Verständnis Jesu und auch im rabbinischen
Gebrauch. Es ist sehr bedauerlich, daß die Kirche wegen ihres
griechischen Bewußtseins das Himmelreich mit den Lehren
Jesu über seine Wiederkunft zusammengebracht hat (Jesus
spricht vom „Kommen des Menschensohns“).

Die Begriffe „Himmelreich“ oder „Königreich“ sind wahrscheinlich die bedeutendsten geistlichen Inhalte des Neuen Testamentes. Im Deutschen oder Griechischen ist „Königreich“
nie eine abstrakte theoretische Angelegenheit. Es ist etwas
Feststehendes, etwas, das mit einem „Staatsgebiet“ zu tun hat.
Im Hebräischen jedoch ist „Reich“ aktiv, es ist in Aktion. Gott
regiert im Leben der Menschen. Diejenigen, die von Gott regiert werden, sind das Reich Gottes.

„Reich" ist folglich die Demonstration der Herrschaft Gottes durch Wunder, Zeichen und mächtige Taten. Wo auch immer sich die Kraft Gottes offenbart, dort ist sein „Reich". „Reich" wie auch die Offenbarung der Kraft Gottes, wird jede Woche in den Sabbatgebeten in der Synagoge verkündigt: „Deine Söhne sahen dein Reich, als du das Rote Meer vor Moses teiltest." Wie kann jemand das Reich Gottes *sehen?* Es ist nur möglich, wenn „Reich" korrekt verstanden wird als etwas, das abstrakt gemeint ist, und nicht als etwas Statisches. Wir sehen Gottes Reich, wenn wir ihn in Aktion sehen. Auf dieselbe Art und Weise sah das Volk das Reich, als es Jesus handeln sah. Das meinte Jesus, als er sagte: „Wenn ich aber durch den Finger Gottes die Dämonen austreibe, so ist also das Reich Gottes zu euch gekommen" (Lk. 11,20).

Jesus wandte das Wort „Reich" auch auf diejenigen an, die ihm folgten, die Angehörigen seiner Bewegung. Seine Jünger sollten nun buchstäblich das Reich Gottes sein, und zwar dadurch, daß sie seine Gegenwart und seine Kraft in ihrem Leben zum Ausdruck kommen ließen. Jesu Auftrag an diejenigen, die er aussandte, war: „Und in welche Stadt ihr kommt und sie nehmen euch auf ... heilt die Kranken darin und sprecht zu ihnen: ‚Das Reich Gottes ist zu euch gekommen!'" (Lk. 10,8-9). Es ist notwendig, die Proklamation der Jünger (in nur drei hebräischen Wörtern) zu umschreiben, um ihre Kraft in Deutsch beizubehalten: „Ihr habt Gott handeln sehen. Durch uns regiert Gott jetzt. Satan ist geschlagen. Die Wunder, die ihr jetzt erlebt habt, sind davon ein Beweis." Die Worte der Jünger wurden durch die Wunder, die Gott tat, beglaubigt.

An diesen nur wenigen oben diskutierten Hebraismen kann man die Bedeutung erkennen, die Evangelien auf eine hebräische Art und Weise zu lesen. Nur wenn wir anfangen, das Griechisch der Evangelien ins Hebräische zurückzubringen, wird es möglich sein, die Worte Jesu völlig zu verstehen. Man kann nur darauf hoffen, daß es bald eine neue Übersetzung der Evangelien gibt, die sich auf ein hebräisches Verständnis des Textes stützt.

1  Drei Beispiele von „unmöglichen" Worten siehe S. 14–15.

2  Die Diskussion bez. des Verses auf S. 70–73.

3  Siehe S. 113–118.

4  Siehe S. 119–120.

5  Siehe S. 121–124.

6  Bezüglich einer Evangelien-Schriftstelle, in der „Haus" vorkommt im Sinne von „Familie", siehe S. 137–139.

7  Zur Diskussion des Ausdrucks „Sohn des Friedens" siehe S. 137–139.

8  Siehe Lk. 6,22; 9,29; 9,44 und 9,51. Zur Diskussion dieser Redewendungen siehe S. 125–126, 127–128, 129–132 und 133–136 im Anhang.

9  Siehe S. 137–139.

10  Im Gegensatz zu dem, was man eigentlich erwarten müßte, erscheint das Substantiv „Heil" in den Evangelien nur siebenmal.

# Kapitel 6

# *Theologische Irrtümer aufgrund falscher Übersetzung*

Die Evangelien sind angefüllt mit sinnwidrigen Übersetzungen. „Aber ist das denn so wichtig?" wird der Leser fragen. „Selbst wenn es hier und da ungenaue Übersetzungen gibt, hat man dann wirklich Schwierigkeiten damit, die Worte Jesu zu verstehen? Gibt es denn Abschnitte, die so falsch übersetzt sind, daß wir in unserem geistlichen Leben potentiell Schaden erleiden können?"

Leider lautet die Antwort „ja". In der Tat ist es so, daß wenn die Kirche mit einem angemessenen Hebräisch-Verständnis für die Worte Jesu ausgerüstet worden wäre, die meisten theologischen Kontroversen von vornherein nicht aufgetreten wären.

In den vorangegangenen Kapiteln haben wir einige Beispiele für zahlreiche inkorrekte Übersetzungen in den Evangelien gegeben. Manche, so haben wir gesehen, gehen über eine einfache fehlerhafte Übersetzung hinaus und greifen feindselig unsere Theologie an. Wir sahen z.B. (Seiten 70–73), daß das „Himmelreich" nicht eine Sache der Zukunft ist, sondern eine gegenwärtige Realität, in der Gott wirkt. Man bekommt durch den griechischen Text sehr leicht den Eindruck, daß das Himmelreich, obwohl nahe, noch nicht da ist. Wenn jedoch jemand in der Lage ist, die Abschnitte, die das Himmelreich betreffen, zurück ins Hebräische zu übersetzen, wird sofort klar, daß das Reich bereits da ist, es ist tatsächlich hier – fast das genaue Gegenteil von der griechischen Bedeutung.

Die Beispiele von falscher Übersetzung in den Kapiteln sieben bis achtzehn zeigen u. a., daß ein angemessenes hebräisches Verständnis der Evangelien die Vorstellung wegfegt, die von mehr als einem Gelehrten behauptet worden ist, Jesus habe niemals geglaubt, er sei der Messias und er habe sich auch niemals öffentlich als Messias erklärt. Wir haben z. B. gesehen, daß Jesus für sich den Titel „Grünes Holz" in Anspruch nahm. Das war eine rabbinische Weise, zu sagen, „Ich bin der Messias", eine Bezugnahme auf eine Bibelstelle des Alten Testamentes, die das „grüne Holz" erwähnt, ein Ausdruck, der von den Weisen in den Tagen Jesu als ein messianischer Titel interpretiert wurde. Wiederholte Male behauptete Jesus, er sei der Messias, indem er solche messianische Titel wie „Grünes Holz" auf sich selbst anwandte. Er erklärte zwar nicht frei weg von sich: „Ich bin der Messais", weil es im Hebräischen weit mehr kraftvolle Möglichkeiten gibt, diesen Anspruch auszudrücken.

Wir haben die Hoffnung, andere sinnwidrige Übersetzungen in einer Fortsetzung dieses Buches zu behandeln. Einige davon sind nur wichtig als ein weiterer Beweis dafür, daß die ursprüngliche Lebensgeschichte Jesu in Hebräisch geschrieben war. Andere jedoch haben zu Verwirrung, Irrtum, falschem Verhalten und sogar geistlicher Gebundenheit geführt. In diesem Kapitel diskutieren wir drei weitere theologische Irrtümer, die auf falsche Übersetzungen des Evangeliumtextes zurückzuführen sind.

## PAZIFISMUS

Es wird weit und breit angenommen, Jesus habe eine höhere Ethik gelehrt, die u. a. in folgendem Ausspruch ausgedrückt ist: „Halte die andere Wange hin." Das hat zu der Meinung geführt, daß, wenn jemand angegriffen wird, er zu seiner Selbstverteidigung oder zur Verteidigung der Familie oder des Landes keinen anderen verletzen oder töten darf.

Die Idee, Pazifismus sei ein Teil der Lehre Jesu, ist besonders durch die Schriften Tolstois verbreitet worden. Pazifismus jedoch ist weder heute noch war er jemals ein Teil jüdischen Glaubens. Die jüdische Position stellt sich im Talmuddiktum dar: „Wenn jemand kommt, um dich zu töten, komme ihm zuvor und töte ihn zuerst" (Sanhedrin 72 a). In anderen Worten, es ist erlaubt, jemanden zu töten, um sich selbst zu verteidigen.

Kann es nun sein, daß Jesus der erste und einzige Jude war, der Pazifismus lehrte? Das ist sehr unwahrscheinlich. Wir wissen, daß wenigstens einige der Jünger Jesu bewaffnet waren (Lk. 22,38; 22,50). Fügen wir zu diesem Faktum hinzu, daß Jesus an einer Stelle sogar seine Jünger dazu aufforderte, Schwerter zu kaufen (Lk. 22,35-37), und beginnen wir uns zu fragen: Glaubte Jesus wirklich oder lehrte er Pazifismus? In Wirklichkeit ist Pazifismus ein theologisches Mißverständnis, das sich auf eine Reihe unrichtiger Übersetzungen der Worte Jesu gründet.

Die erste dieser unzutreffenden Übersetzungen ist Mt. 5,21, wo die meisten deutschen Bibelversionen folgendes wiedergeben: „Du sollst nicht töten." Das ist ein Zitat aus 2. Mo. 20,13. Das dort gebrauchte hebräische Wort bedeutet „Mord" *(ratzach)* und nicht „töten" *(harag)*. Im Hebräischen besteht eine klare Unterscheidung zwischen diesen beiden Wörtern. Das erste *(ratzach)* bedeutet geplanten Mord, während das zweite *(harag)* eine Menge mehr umfaßt, und zwar vom gerechtfertigten Totschlag über fahrlässige oder unbeabsichtigte Tötung bis zum Töten eines feindlichen Soldaten im Krieg. Das Gebot verbietet sehr präzise Mord, aber nicht, wenn jemand einem das Leben nimmt, um sich selbst oder andere zu verteidigen.

Es ist schwer zu erklären, warum deutsche Übersetzer diesen Fehler begangen haben, da die griechische Sprache ebenfalls zwei verschiedene Wörter für „morden" und „töten" besitzt, und es wird ja hier in Mt. 5,21 das griechische Wort für

„morden" (nicht töten) verwendet. Selbst ohne Kenntnis des
Hebräischen hätten die deutschen Übersetzer des Neuen Testamentes an dieser Stelle korrekt „morden" und nicht „töten"
übersetzen müssen.

Ein zweites Wort Jesu, auf das sich der Pazifismus beruft,
steht in Mt. 5,39 a und wird gewöhnlich übersetzt: „Widerstehe
nicht dem Bösen" oder „Widerstehe nicht einem, der böse ist".
Kann Jesus das möglicherweise einem seiner Jünger gesagt haben? Falls ja, dann würde diese Aussage anderen Bibelstellen
widersprechen, z. B. „Haßt das Böse" (Röm. 12,9) und „Wi-
derstehet dem Teufel" (Jak. 4,7).

Erneut liefert uns das Hebräisch die Antwort. Wenn wir
diese Verse ins Hebräische zurückübersetzen, sehen wir, daß
Jesus nicht etwas völlig Neues sagte, sondern ein bekanntes alt-
testamentliches Sprichwort zitierte. Dieses Sprichwort erscheint mit kleinen Änderungen in Ps. 37,1.8 sowie in Spr.
24,19. In modernem Deutsch würden wir diese Maxime so
übersetzen: „Miß dich nicht mit den Übeltätern." In anderen
Worten, versuch' nicht, mit einem Nachbarn, der dir Böses getan hat, zu rivalisieren oder zu wetteifern.

Jesus lehrt nicht, daß man das Böse unwidersprochen hin-
nehmen oder sich dem Bösen unterwerfen soll, im Gegenteil,
Jesus lehrt, daß wir verzichten sollen, „auf eine Sache zurück-
zukommen" oder uns an einem streitsüchtigen Nachbarn zu
rächen. Wie Spr. 24,29 sagt: „Sage nicht, wie er mir getan hat,
so will ich ihm tun, will jedem vergelten nach seinem Tun."

Jesus formuliert einen sehr bedeutenden Grundsatz, der unser Verhältnis zu Freunden und Nachbarn betrifft. Diesen
Grundsatz kann man nicht anwenden, wenn wir mit einem
Mörder, einem Vergewaltiger oder einem anderen Gewalttäter
konfrontiert werden, noch wenn wir dem Feind auf dem
Schlachtfeld begegnen. Jesus spricht nicht darüber, wie man
mit Gewalt fertig wird. Er spricht über das Grundsätzliche der
brüderlichen Gemeinschaft, wie mit unserem Nachbarn umzugehen ist. Wenn z. B. ein Nachbar einen Haufen Müll auf unseren Rasen wirft, sollen wir ihm nicht dadurch vergelten, daß
wir ihm zwei Haufen auf seinen Rasen werfen. Wenn uns ei-

ner im Straßenverkehr den Weg abschneidet, sollen wir ihn nicht einholen und dann versuchen, ihn von der Straße zu drängen. Der Wunsch, mit jemandem abzurechnen, ist selbstverständlich eine ganz natürliche Antwort, jedoch haben wir nicht die Verantwortung dafür, unseren Nachbarn für sein Handeln zu bestrafen. Dafür ist Gott zuständig. Wir sollen unserem Nachbarn in einer Weise begegnen, die ihn entwaffnet und ihn wegen seines Tuns beschämt. Spr. 25,21 sagt: „Wenn dein Hasser Hunger hat, gib ihm Brot zu essen, und wenn er Durst hat, gib ihm Wasser zu trinken; denn glühende Kohlen häufst du auf sein Haupt, und der Herr wird es dir vergelten."

Wenn wir einmal begriffen haben, wie Mt. 5,39 a genau zu übersetzen ist, dann verstehen wir auch die danach folgenden Verse richtig. Jeder Vers illustriert, wie wir einem feindlich gesinnten Nachbarn gegenüber reagieren sollen. Wenn z. B. (Mt. 5,39 b) ein Freund uns beleidigt oder uns dadurch in Verlegenheit bringt, daß er uns auf die Wange schlägt, dann sollen wir ihn nicht wieder schlagen, sondern ihm statt dessen unsere andere Wange hinhalten. Das ist, nebenbei bemerkt, wahrscheinlich das bekannteste aller Worte Jesu. Es ist auch einer dieser Aussprüche, auf den sich der Pazifismus stützt. Recht verstanden, hat es jedoch nicht mit einer Schlachtfeldsituation zu tun, wo man sich gegen einen Mörder wehren oder dem Bösen widerstehen muß, es ist eine Illustration davon, wie man mit einem bösen Nachbarn, einem ganz persönlichen „Feind" fertig wird.

Die falsche Auslegung von Mt. 5,39 a hat einen theologischen Widerspruch hervorgebracht. Wenn aber dieser Ausspruch hebräisch verstanden wird, dann sieht man, wie wunderbar er, anstatt im Widerspruch dazu zu stehen, mit dem Rest der Schrift im Einklang steht. Unsere Antwort auf das Böse *muß* Widerstand sein! Es ist moralisch verkehrt, das Böse zu tolerieren. Unsere Antwort jedoch auf einen hitzköpfigen Nachbarn muß völlig anders sein. Sein Ärger wird nur kurze Zeit dauern, wenn wir in einer biblischen Art und Weise antworten: „Seht zu, daß niemand einem anderen Böses mit Bösem vergelte, sondern strebt allzeit dem Guten nach, gegen-

einander und gegen alle" (1 Thess. 5,15); „Und vergeltet nicht
Böses mit Bösem, oder Scheltwort mit Scheltwort, sondern im
Gegenteil segnet, weil ihr dazu berufen seid, daß ihr Segen er-
erbt" (1 Petr. 3,9); „Segnet, die euch verfolgen, segnet und flu-
chet nicht ... Vergeltet niemand Böses mit Bösem ... Wenn
möglich, soviel an euch liegt, so habt mit allen Menschen Frieden. Rächt euch nicht selbst, Geliebte, sondern gebt Raum dem
Zorn" (Röm. 12,14.17-19).

Die Verantwortung einer gottesfürchtigen Person besteht
darin, eine potentiell geladene Spannung zu entschärfen, indem
„der Zorn hinweggetan" wird. Wir sollen keine Rache suchen.
Wenn ein Nachbar oder Freund uns etwas Böses angetan hat
und der Bestrafung bedarf, dann ist allein Gott derjenige, der
diese Sache in der rechten Weise behandeln kann: „Sage nicht,
ich will Böses vergelten. Harre auf den Herrn, so wird er dich
retten" (d. h. „er will für dich sorgen" – Spr. 20,22). Unsere
Verantwortung besteht darin, daß wir einem feindlich gesinnten Nachbarn gegenüber nicht in derselben Art und Weise begegnen wie er uns. Wir sollen nicht „vom Bösen überwunden
werden, sondern wir sollen das Böse mit Gutem überwinden"
(Röm. 12,21).

## DAS GEBEN OHNE KRITISCHE EINSICHT

Wir alle sind sicherlich schon einmal von jemandem um finanzielle oder materielle Hilfe gebeten worden. Die Nachfrage
kann von einem Nachbarn, einem Familiemitglied oder sogar
von einem völlig Fremden gekommen sein. Normalerweise
gewähren wir die Bitte, manchmal jedoch nicht. Jedesmal jedoch, wenn wir eine Bitte abschlagen, egal aus welchen Grün-
den, fühlen wir uns nicht gut dabei. Die Bitte mag ja unbe-
rechtigt erscheinen oder sogar unerfüllbar sein, wir empfinden
aber ein gewisses Maß an eigenem Versagen, weil wir der Bitte
nicht nachgekommen sind. Lehrt denn die Bibel nicht: „Gib
jedem, der dich bittet" (Mt. 5,42)?

Diese Bibelstelle scheint auszusagen, daß man verpflichtet
ist, von seinem materiellen Gut jedermann zu geben, der einen

darum bittet. Ist das wirklich der Wille Gottes? Der griechische Text von Matth. 5,42 und seine deutsche Übersetzung zwingen uns zu diesem Schluß; konsequenterweise haben wir jedesmal, wenn wir eine Bitte teilweise oder ganz abweisen, in bezug auf unsere materiellen Güter ein Gefühl, daß wir in einer Weise gehandelt haben, die nicht der Wille Gottes für uns ist.

Eine falsche Übersetzung im ersten Teil von Mt. 5,42 ist die Ursache für unsere Verwirrung. Dieser Vers wird normalerweise so übersetzt:

> Gib dem, der dich bittet,
> und weise den nicht ab,
> der von dir borgen will.

Dieses Wort ist ein Ausdruck hebräischer Poesie. Ein Hauptcharakteristikum hebräischer Dichtkunst ist der Parallelismus – dabei wird ein und derselbe Gedanke zweimal ausgedrückt, und zwar in verschiedenen Worten. Die hebräische Dichtung reimt sich nicht am Ende der Zeile, sondern wiederholt oder verdoppelt den Gedanken.[1]

Die zweite Hälfte von Mt. 5,42 wiederholt den Gedanken der ersten Hälfte. Das Verb „bitten" der ersten Hälfte des Verses sollte darum eine parallele Bedeutung zu dem Verb „borgen" in der zweiten Hälfte des Verses darstellen.

Kann „bitten" in Hebräisch überhaupt „borgen" heißen? Ja, das hebräische Wort „bitten" hat im Gegensatz zu seinen griechischen und deutschen Gegenübern drei Bedeutungen: 1. „eine Frage stellen"; 2. „eine Bitte ausdrücken"; und 3. „borgen". In Hebräisch kann „bitten" aus diesem Grund ab und zu auch ein Synonym für „borgen" sein.[2] Warum gibt es zwei Wörter für „borgen"? Weil es tatsächlich einen feinen Unterschied zwischen dem hebräischen Wort „fragen" im Sinne von „borgen" und dem Wort „borgen" selbst gibt. Im Hebräischen besteht ein Unterschied zwischen dem Borgen eines Objektes, wie z. B. eines Buches, das der Person wieder zurückgegeben werden muß, von der man es geborgt hat, und dem Borgen von Geld oder Mehl, das nach seiner Art und Weise bzw. nach seiner Menge zurückgegeben wird. Man gibt ja tatsächlich nicht dasselbe Mehl zurück, sondern eine in Art und Qualität entsprechende Menge. Jesus sprach poetisch in einem Parallelismus und gebrauchte das erste Wort für „borgen" in der ersten Hälfte des Verses und das zweite Wort mit seiner anderen Bedeutung in der zweiten Hälfte.

Mt. 5,42 ist tatsächlich eine weitere Illustration von Mt. 5,39 a, „Widersteht nicht dem Bösen". Eine Weise, sich an einem streitsüchtigen Nachbarn zu rächen wäre z. B., daß man ihm die Gewährung eines Kredites verweigert. Jesus stellt das in typisch hebräisch-poetischer Form fest. „Bitten" in der ersten Hälfte des Verses ist eine Parallele zu „borgen" in der zweiten Hälfte des Verses, aber die Bedeutung ist dieselbe. In elegantem Hebräisch sagt Jesus: „Gib dem, der dich *bittet*, und verweigere dich nicht dem, der von dir zu borgen wünscht." Bestimmt kann dieser Satz in Deutsch mißverstanden werden, aber er ist einwandfreies und vollkommen klares Hebräisch.

Wenn wir diesen Vers nun einmal ins Hebräische zurückübersetzen, liefert er keine Rechtfertigung mehr für ein Geben ohne geistliches Unterscheidungsvermögen und Weisheit. Dieses Wort bezieht sich nicht auf das Geben an sich, sonders wiederum, wie man auf einen feindlichen Nachbarn reagieren soll. Natürlich wird Großzügigkeit in der Bibel gelehrt, ebenso wie man den Armen, den Notleidenden und den Alten helfen soll. Wir sind aber nicht dazu aufgefordert, unser Eigentum irgendeinem zu geben, der uns darum bittet.

Wir werden dazu ermahnt, gute Haushalter dessen zu sein, was Gott uns anvertraut hat (vergleichen wir z. B. die Parabel von den Talenten in Mt. 25,14-30). Keiner soll sich seines Eigentums in törichter Weise entledigen, noch ohne Gottes Leitung im Geben handeln.

## DIE THEOLOGIE DES MÄRTYRERTUMS

Eine falsche Übersetzung der achten Seligpreisung mag ebenfalls der Grund sein für eine irrige Theologie. Mt. 5,10 lautet:

„Glückselig die um Gerechtigkeit willen Verfolgten, denn ihrer ist das Reich der Himmel." Auf der Grundlage dieser Übersetzung kann man guten Gewissens davon ausgehen, daß es religiöse Meriten dafür gibt, wenn man wegen des Reiches Gottes verfolgt wird. Im frühen 2. Jahrhundert n. Chr. wurde diese Idee entwickelt und fand ihre Erfüllung im Märtyrertum von Millionen während der Jahre der zehn schweren Verfolgungen bis zum Toleranzedikt Konstantins im Jahre 311 n. Chr. Die Idee religiösen Verdienstes durch das Erleiden von Verfolgungen oder durch Märtyrertum hat sich im theologischen Bewußtsein der Kirche bis heute fortgesetzt. Sollte Jesus sich in Mt. 5,10 wirklich darauf beziehen? Meint Jesus, daß religiöser Verdienst dadurch erlangt wird, daß man sich verfolgen läßt? Sollen wir Verfolgung sogar suchen? Nein! Diese achte Seligpreisung sollte folgendermaßen übersetzt werden: „Wie glücklich sind diejenigen, die der Gerechtigkeit nachjagen, denn aus ihnen, diesen Leuten, besteht das Himmelreich."

Wir haben es hier tatsächlich mit vier falschen Übersetzungen in einem Vers zu tun. Es sollte nicht „verfolgen" übersetzt werden, sondern „nachfolgen bzw. nachjagen". Zweitens ist „Gerechtigkeit" eine etwas unglückliche Übersetzung in deutsch. „Heil" oder „Erlösung" wäre genauer (siehe unsere Diskussion auf S. 69–70). Drittens „ihrer" läßt einen falschen Eindruck entstehen. Wir besitzen nicht das Königreich. Die genaue Übersetzung wäre „aus diesen" oder „aus solchen wie diese" wie in Lk. 18,16 „Laßt die Kinder zu mir kommen und wehret ihnen nicht; denn aus solchen wie diesen ist das Reich Gottes". Viertens, das Himmelreich gehört nicht der Zukunft an, wie es so oft verstanden wird (siehe unsere Diskussion auf den S. 71–73).

In der achten Seligpreisung behandelt Jesus Verfolgung überhaupt nicht. Er beschreibt Leute, deren größter Wunsch es ist, daß Gott die Welt erlöst. Die Seligpreisungen sind eine Beschreibung des Wesens der Leute, aus denen das Himmelreich besteht. Diese – und alle anderen Seligpreisungen – charakterisiert den Menschen des Himmelreiches, der über alles und zuerst Gott als den Herrscher in dem Leben eines jeden Men-

schen sehen möchte. Die achte Seligpreisung bringt das Echo
der vierten Seligpreisung, die von denen spricht, die „hungern
und dürsten (d. h. die sich über alles andere wünschen) nach
Gerechtigkeit", mit anderen Worten, daß Gott die Verlorenen
rette. Es ist auch ein Echo auf Matth. 6,33, wo Jesus sagt, daß
wir „zuerst (d. h. über alles andere wünschen) seine Gerechtigkeit (d. h. Heil) suchen sollen".

Die Rettung der Verlorenen war Jesu höchste Priorität. Er
sagte: „Der Sohn des Menschen ist gekommen, zu suchen und
selig zu machen, was verloren ist" (Lk. 19,10). In Mt. 5,10 betont Jesus erneut, daß die Leute, aus denen das Reich Gottes
besteht, diejenigen sind, die mehr als alles andere Gott als den
Retter der Verlorenen sehen möchten, die beten: „Dein Reich
komme" (eine Aufforderung, die bedeutet: „Gottes Herrschaft
über mehr und mehr Menschen").

Wie konnte „nachfolgen" mit „verfolgen" verwechselt wer-
den? Wer Hebräisch beherrscht, versteht sehr schnell, wie das
geschehen konnte. Das hebräische Wort *radaf* hat zwei Be-
deutungen: 1. „nachfolgen" oder „jagen" und 2. „verfolgen".
Es würde z. B. keinen Sinn ergeben, wenn man Jes. 51,1 fol-
gendermaßen übersetzen würde: „Hört auf mich, die ihr die
Gerechtigkeit *verfolgt (radaf)*". Der Kontext zwingt uns zur
Übersetzung „die ihr der Gerechtigkeit *nachjagt*". Die doppelte
Bedeutung von *radaf* führte zu einer falschen Übersetzung in
Mt. 5,10.

Wenn wir nun sagen, daß Mt. 5,10 nichts mit Verfolgung
zu tun hat, wie sollen dann die nächsten zwei Verse erklärt werden, die Verfolgung ja nun ausdrücklich erwähnen? – „Glückselig seid ihr, wenn sie euch schmähen und verfolgen und alles Böse lügnerisch gegen euch reden werden um meinetwillen.
Freut euch und frohlockt, denn euer Lohn ist groß in den Himmeln; denn ebenso haben sie die Propheten verfolgt, die vor
euch waren" (Mt. 5,11-12). Wird der Verfolgung denn hier
nicht eine Belohnung versprochen?

Wenn wir genauer in den Text hineinschauen, werden wir
eine plötzliche Verschiebung des Pronomens feststellen (in den
Versen 11 u. 12) von der dritten Person („sie", „ihr") zur zwei-

ten Person („ihr", „eure"). Das ist ein klarer Hinweis darauf, daß diese Verse ursprünglich nicht ein Teil der Bergpredigt waren, sondern Teil eines anderen Kontextes oder einer anderen Begebenheit. Sie wurden durch den Schreiber der Matthäusquelle vermutlich wegen des Wortes „Verfolgung", das in beiden Abschnitten vorkommt, hinter Mt. 5,10 plaziert. Unstreitig hat Mt. 5,11-12 nicht mit demselben Thema zu tun wie Mt. 5,10. Diese zwei Verse wurden wahrscheinlich im Kontext der Lehren Jesu an seine Jünger nach seiner Auferstehung weitergegeben. Während jener Zeit von 40 Tagen schulte Jesus seine Jünger und bereitete sie für das vor, was vor ihnen lag. Jesus wußte, daß seine Jünger mit Mißtrauen und Geringschätzung behandelt würden, weil er den Tod eines Verbrechers erleiden sollte. Er wußte, ihnen würde Feindschaft und Ächtung begegnen.

In Mt. 5,11-12 spricht Jesus zu seinen Jüngern über Verfolgung, und er verspricht eine Belohnung denen, die nur aus dem Grund leiden müssen, daß sie seine Jünger sind. Aber selbst hier hat Jesus seine Jünger nicht gedrängt, Verfolgung oder Märtyrertum zu suchen, um damit eine himmlische Belohnung zu bekommen. Er sprach darüber, wie die Haltung der Jünger sein sollte, wenn sie von ihren Landsleuten beschimpft und verleumdet würden. Sie sollten nicht entmutigt sein, sondern sich vielmehr freuen im Gedanken daran, daß ihre Vorfahren, die Propheten, dieselbe Art von Verfolgung zu erleiden hatten.

Laßt uns die Frage, die wir am Anfang dieses Kapitels gestellt haben, wiederholen: „Sind die vielen unzutreffenden Übersetzungen, die wir in den Evangelien finden, wirklich so bedeutend?" Wir glauben, daß die Antwort ein entschiedenes „JA" ist. Wir sind sehr besorgt über alle ungenauen Übersetzungen oder Deformierungen in der Bibel, ohne Rücksicht darauf, wie unbedeutend sie zu sein scheinen. Wenn die Bibel Gottes Mitteilung über sich selbst an uns ist, und wir glauben, daß sie es ist, dann ist für uns das zutreffende Verständnis seiner Aussagen von größter Wichtigkeit. Jede Mitteilung Gottes ist bedeutungsvoll, und wir sind nicht bereit, eine Fehlinterpreta-

tion irgendeiner dieser Mitteilungen hinzunehmen, auch wenn
sie noch so unbedeutend erscheinen mag, wenn wir über die
Mittel zum rechten Verständnis verfügen. Glücklicherweise besitzen wir diese Werkzeuge heute. Als ein Resultat archäologi-
scher Entdeckungen und Textstudien der letzten 35 Jahre können wir die Bibel, besonders die Worte Jesu, besser als je zuvor
in den letzten 1900 Jahren verstehen. Mit diesen nun vorhan-
denen Werkzeugen sollte keine Mühe gescheut werden, jede
sinnwidrige Übersetzung zu korrigieren und Klarheit in jede
falsche Interpretation des inspirierten Textes zu bringen.

---

1  Siehe die Diskussion über „Parallelismus" S. 99–100.
2  Für „bitten" im Sinne von „borgen" siehe Schabbath 23:1, Taanith 4:8,
   Baba Metzia 3:2, 8:1-3 usw.

# TEIL II
von David Bivin

## Kapitel 7

Die folgenden Bibelstellen werden in diesem Buch als Beispiele oft falsch interpretierter Passagen erwähnt, was auf
mangelndes Verstehen hebräischer Idiome zurückzuführen ist.
Diese Schrifstellen werden später nur noch erwähnt und nicht
weiter diskutiert. Die hier folgenden kurzen Erklärungen werden in ihrem hebräischen Kontext ausgelegt.

## *„Glückselig die Armen im Geist, denn ihrer ist das Reich der Himmel."*
(Mt. 5,3 – siehe Seite 13)

In der Seligpreisung, mit der er seine Bergpredigt eröffnet, verbindet Jesus „arm im Geist" mit „Himmelreich". „Arm im
Geist" ist eine verkürzte Wiedergabe des Ausdrucks „elend und
zerschlagenen Geistes" in Jesaja 66,2.

Das, was Jesus „Himmelreich" nennt, ist die Körperschaft
seiner Jünger, ist seine Bewegung. Im Hebräischen kann
„Reich" „Herrschaft" oder „diejenigen, die beherrscht werden",
bedeuten, aber es handelt sich niemals nur um eine territoriale
Bestimmung. „Himmel" ist ein umfangreiches Synonym für
„Gott".

„Ihrer" ist eine klassisch falsche Übersetzung, die immer
noch in allen modernen deutschen Versionen beibehalten wird.

Das griechische Wort, das mit „ihrer" übersetzt wurde, sollte eigentlich übersetzt werden mit „aus diesen" oder „von solchen wie diesen".

Wir können das Reich nicht besitzen. Es gehört uns nicht; vielmehr beschreibt Jesus in diesen Seligpreisungen das Wesen der Menschen, aus denen das Königreich besteht. Es sind die „Armen im Geist", die geistlich Niedrigen und am Rande Stehenden, die keine eigene Gerechtigkeit besitzen; die „Klagenden", die zerbrochenen Herzens sind, die am Ende ihrer eigenen Kraft angelangt sind und nun in ihrer Verzweiflung und Hoffnungslosigkeit zu Gott rufen; die „Sanftmütigen", die ihren Stolz abgelegt haben. Es sind eben diese Menschen, die in das Reich Gottes gelangen und Erlösung finden.

# Kapitel 8

## „*Denn wenn man dies tut an dem grünen Holz, was wird an dem dürren geschehen?*"
## (Lk. 23,31 – siehe Seite 14)

Hier ist das Beispiel eines Verses, der in dem uns überlieferten Griechisch unverständlich ist, der aber einen vollkommenen Sinn ergibt, wenn man ihn ins Hebräische zurückübersetzt.

Jesus bezieht sich auf den „grünen Baum" und den „trockenen Baum", der in Hesekiels Weissagung gegen Jerusalem und ihren Tempel erwähnt ist (Hes. 20,45-21,7). In der Allegorie ist der „grüne Baum" der „Gerechte" und der „trockene Baum „der Böse". Ein Feuer von Gott fegt durch den Wald des Negev. Die Hitze ist so intensiv, daß sogar die grünen Bäume verbrannt werden.

Auf dem Weg zu seinem grausamen Tod ist Jesus den Frauen gegenüber nicht gleichgültig, die um ihn klagen und weinen. Welch eine furchtbare Zerstörung würde bald über Jerusalem hinwegfegen und sie und ihre Kinder verschlingen! Wie Hesekiels ist auch Jesu Herz gebrochen:

> „Und du Menschensohn, stöhne, mit brechenden Hüften und mit bitterem Schmerz sollst du vor ihren Augen stöhnen. Und es soll geschehen, wenn sie zu dir sagen: „Weswegen stöhnst du?", dann sollst du sagen: „Wegen der kommenden Nachricht. Und jedes Herz

wird zerschmelzen und alle Hände werden erschlaffen und jeder Geist wird verzagen und alle Knie werden von Wasser triefen. Siehe, es kommt und geschieht, spricht der Herr, HERR" (Hes. 21,11-12).

Die Frauen weinten um Jesus. Wenn sie gewußt hätten, was kommen würde, hätten sie um sich selbst geweint. „Weint nicht um mich", sagt Jesus, „weint euretwegen. Wenn sie mir das antun, was werden sie euch antun?" Mit anderen Worten, wenn dies dem „grünen Baum" von Hes. 21,3 geschieht (d.h. Jesus), was wird dann den „trockenen Bäumen" geschehen (d.h. den weniger vollkommenen Gerechten)? Die „trockenen Bäume" würden durch die Hände der Römer dasselbe Schicksal oder noch ein schlimmeres erfahren.

Der griechische Text lautet buchstäblich: „Wenn sie diese Dinge *in* einem grünen Baum tun ..." „Tun in (jemandem)" ist ein hebräisches Idiom, das bedeutet: „Jemandem etwas tun", und es ist genau dieses Idiom, das unsere Übersetzer verunsichert. Die „Hoffnung für alle" versucht, Sinn hineinzubringen, indem sie diesen Vers übersetzt: „Wenn schon der Unschuldige leiden muß, was haben dann erst die Schuldigen zu erwarten?" Dasselbe Idiom erscheint in Mt. 17,12 in Verbindung mit Johannes dem Täufer: „Sie haben an ihm (buchstäblich „in ihm") getan, was sie wollten." An dieser Stelle hat das Idiom „tun in" den meisten Übersetzern offenbar weniger Schwierigkeiten bereitet, weil der Kontext klar ist. Aber in Lk. 23,31 gibt es eine zusätzliche Schwierigkeit. Zum rechten Verständnis und anschließender korrekter Übersetzung muß der Übersetzer etwas über die rabbinischen Methoden der Schriftauslegung wissen. In einer sehr rabbinischen Weise spielt Jesus in Lk. 23,31 auf eine Schriftstelle des Alten Testamentes an. Unsere Übersetzer sind sich dessen nicht bewußt, viele übersetzen sogar „grünes Holz" anstatt „grüner Baum".

Im Jahre 1901 legte Wilhelm Wrede, ein deutscher Gelehrter (s. Bibliographie S. 141) das „*Messiasgeheimnis*" vor, eine bis heute noch weithin akzeptierte Theorie, in der Wrede behauptete, das Evangelium Markus sei zum großen Teil eine

Verteidigungsschrift. Um eine Erklärung für die Tatsache zu finden, daß fast eine ganze Generation nach dem Tod Jesu die jüdische Nation Jesus immer noch nicht als Messias angenommen hatte, verarbeitete Markus in seinem Evangelium den Gedanken, Jesus habe ganz bewußt seine Messianität als Geheimnis bewahrt. Wrede glaubte persönlich nicht, der historische Jesus habe sich für den Messias gehalten oder habe jemals behauptet, der Messias zu sein. Er hielt dies für eine nach dem Tod Jesu erfundene Idee der Kirche.

Nichts kann von der Wahrheit weiter entfernt sein! Hätte Wrede mehr über rabbinische Argumentation und Methoden der Schriftauslegung gewußt, dann hätte er niemals so gewaltig irren können. Die Wahrheit ist, daß Jesus kaum jemals gesprochen zu haben scheint, ohne auf die eine oder andere Art und Weise einen messianischen Anspruch erhoben zu haben. Jesus sagt zwar nicht frei heraus „Ich bin der Messias", wie wir moderne Menschen es erwarten mögen, aber er bezieht sich in einer sehr rabbinischen Weise auf Schriften des Alten Testamentes, die als Zeugnisse für den kommenden Messias verstanden wurden. In diesem Abschnitt bezieht Jesus sich selbst auf den „grünen Baum" von Hes. 21,3 – und das ist ein klarer messianischer Anspruch.

# Kapitel 9

*Aber von den Tagen*
*Johannes des Täufers an bis jetzt*
*wird dem Reich der Himmel Gewalt angetan,*
*und Gewalttuende reißen es an sich."*
(Mt. 11,12 – siehe Seite 14)

Dieses Wort ist mit Sicherheit schwer zu verstehen. Nicht nur Laienchristen sind hier in Verlegenheit. Es scheint, daß selbst in der einschlägigen Literatur keine zufriedenstellende Erklärung gegeben wird. Demnach muß wohl mit dem Himmelreich auch viel Gewalt verbunden sein. Dieser Gedanke kann aber mit der übrigen Lehre Jesu nicht überzeugend in Einklang gebracht werden. Es hat darum viele unterschiedliche Versuche sowohl von seiten der Prediger als auch der Gelehrten gegeben, diesen Abschnitt zu erklären.

Den Schlüssel zum Verständnis scheint uns eine alte rabbinische Auslegung (*midrasch*) von Mi. 2,13 zu reichen, die von Professor David Flusser entdeckt wurde. Mi. 2,12-13 lautet:

Vers 12:
„Sammeln, ja sammeln will ich dich, ganz Jakob; versammeln, ja versammeln werde ich den Überrest Israels. Ich werde ihn zusammenbringen wie Schafe im Pferch, wie eine Herde mitten auf der Trift, so daß es von Menschen tosen wird."

Vers 13:

„Herauf zieht der Durchbrecher (*poretz*) vor ihnen her;
sie brechen durch und durchschreiten das Tor und gehen durch es hinaus; und ihr König schreitet vor ihnen her, und der Herr an ihrer Spitze."

Diese Verse sind sehr bilderreich. Wir sehen einen Hirten, der
seine Schafe für die Nacht zusammentreibt. Schnell schichtet er
behelfsmäßig Steine zu einem niedrigen Wall am Hügel auf und
baut einen Pferch. Am nächsten Morgen bricht er eine Öffnung
oder eine Bresche in den Zaun, um die Schafe herauszulassen.
Dabei reißt er ein paar Steine heraus. Dann geht er durch das
„Tor" mit den Schafen, die unmittelbar hinter ihm sind. Die
ganze Nacht waren sie zusammengepfercht, und nun können sie
es kaum erwarten, aus ihrem beengten Quartier auszubrechen.
Sie schieben und stoßen, einige versuchen, gleichzeitig durch-
zukommen, buchstäblich durchzubrechen. Dabei brechen sie in
ihrem Eifer die kleine Öffnung immer weiter auf, um auf die
grüne Weide zu gelangen. Schließlich stürmen sie ganz ins Freie
und folgen kopfüber dem Hirten.

In Mi. 2,13 sind der „Durchbrecher" und der „König"
natürlich ein und dieselbe Person, aber in der von Professor
Flusser entdeckten rabbinischen Interpretation (Radak zu Mi.
2,13) sind es doch zwei verschiedene Personen: der „Durchbrecher" wird als Elia interpretiert, und „ihr König" als der
Messias, der Sproß des Sohnes Davids.

Die Tür zum rechten Verständnis ist nunmehr geöffnet. Jesus bezieht sich nicht nur auf Mi. 2,13, sondern auch auf eine
bekannte rabbinische Auslegung. Er sagt: „Das Himmelreich
bricht durch" (nicht: *„leidet Gewalt"*), und jeder, der sich darin
befindet, bricht durch (buchstäblich „die Durchbrechenden brechen in ihm aus, oder durch ihn aus, nicht: *„die Gewalttuen-
den reißen es an sich"*. Vergleichen wir auch Lk. 16,16, die
Parallele zu Mt. 11,12). Zwei gewaltige Dinge geschehen nun
gleichzeitig: das Königreich bricht hinein in die Welt (wie Wasser durch einen gebrochenen Damm), und die einzelnen in dem
Königreich finden Freiheit und Unabhängigkeit.

In Mt. 11,12 – wie in dem *Midrasch* – ist Elia bzw. Johannes der Täufer der Durchbrecher, der *Poretz*. Er bewirkt den Durchbruch in dem Steinzaun und geht als erster durch. Er hat den Weg geöffnet. Es ist der Elia von Mal. 3,1 und 4,5-6, der vor dem Herrn einhergeht, um seinen Weg zu bereiten. Wie im *Midrasch* folgt Jesus, der König, Johannes dem Täufer. Jesus ist somit der Herr selbst, der die Schafe durch das Tor führt. Es handelt sich hier um ein sehr aussagereiches Bild.

Erneut lehrt Jesus seine Jünger über das Himmelreich, seine Bewegung. Es begann, als Jesus seine Jünger berief, schon während des aktiven Dienstes des Johannes, in „den Tagen Johannes des Täufers". Seitdem „bricht das Himmelreich durch". Sehen wir auch hier einen weiteren Beweis dafür, daß das Himmelreich nicht erst in der Zukunft liegt. Das Himmelreich ist etwas, das schon seit der Zeit Johannes des Täufers existiert.

Das Reich bricht durch, die Mitglieder des Reiches brechen durch. In Micha und ebenso im *Midrasch* sind es der Herr und seine Schafe, die ausbrechen bzw. durchbrechen. Jesus verändert dieses Bild ein wenig dahingehend, daß es das *Himmelreich* und seine Schafe sind, die durchbrechen. Obwohl er sich nicht selbst direkt auf die Rolle des Hirten bezieht, der die Schafe ausführt, konnte kaum ein Hörer Jesu verblüffende Feststellung mißverstehen: Ich bin der Herr!

Elia war gekommen und hatte den Weg geöffnet, und nun führte der Herr selbst die lärmende Menge hinaus in die Freiheit.

# Kapitel 10

*„Ich bin gekommen,*
*Feuer auf die Erde zu werfen, und wie*
*wünschte ich, es wäre schon angezündet!*
*Ich habe aber eine Taufe, womit ich getauft*
*werden muß, und wie bin ich bedrängt,*
*bis sie vollbracht ist!"*
**(Lk. 12,49-50 – siehe Seite 14)**

Johannes der Täufer weissagte, der Kommende würde mit Geist und mit Feuer taufen (Mt. 3,11). Wie wir aus der Apostelgeschichte ersehen, taufte Jesus seine Jünger mit dem Heiligen Geist am Tage der Pfingsten. Taufte er sie zur selben Zeit auch mit Feuer? Viele Christen sind sich darin einig, daß die Antwort „Ja" lauten muß: Die Taufe mit Heiligem Geist und die Taufe mit Feuer sind zeitgleich geschehen. Für sie ist es selbstverständlich, daß die in Apg. 2,3 erwähnten „Zungen wie Feuer" die Erfüllung der Prophezeiung des Johannes von einer Feuertaufe darstellen.

Waren die „Zungen wie Feuer" zu Pfingsten die „Feuertaufe", die Johannes verheißen hatte? Das ist sehr unwahrscheinlich. Als Jesus später selbst in bezug auf den Pfingsttag prophetisch sprach (Apg. 1,5; 11,16), erwähnte er das Feuer nicht: „Johannes taufte mit Wasser, ihr aber werdet mit Heiligem Geist getauft werden." In diesem Wort nach seiner Auferstehung weist Jesus seine Jünger an, nicht nach Galiläa

zurückzukehren, sondern noch einige Tage in Jerusalem zu ver-
bleiben, bis sie mit Heiligem Geist getauft würden. Jesus bezieht sich klar auf die Geschehnisse zu Pfingsten, erwähnt aber
nichts von Feuer noch von einer Feuertaufe. Die galiläischen
Jünger, die bis zu Pfingsten in Jerusalem blieben, warteten auf
den verheißenen Heiligen Geist, aber nicht auf die Feuertaufe.
   Was Johannes in Mt. 3,11 mit der Taufe „mit Feuer" oder
„in Feuer" meint, erklärt er schon im nächsten Vers durch eine
bemerkswerte Allegorie:

> „Seine Worfschaufel ist in seiner Hand.
> Er wird seine Tenne durch und durch reinigen
> und den Weizen in die Scheune sammeln,
> die Spreu aber wird er
> mit unauslöschlichem Feuer verbrennen."

Für Johannes war – wie für die Propheten des Alten Testamentes – Feuer ein Symbol des Gerichts. Jesaja verwandte es
öfters:

> „Denn siehe, der Herr kommt im Feuer,
> und wie der Sturmwind sind seine Wagen,
> um seinen Zorn auszulassen in Glut
> und sein Drohen in Feuerflammen.
> Denn mit Feuer hält der Herr Gericht"
> (Jes. 66,15-16).

Feuer ist etwas Furchtbares. In wenigen Minuten kann es ein
Haus zerstören oder in wenigen Stunden einen großen Wald.
Das Alte Testament spricht gewöhnlich vom Feuer als von et-
was, das „frißt", oder „auffrißt" (auch „verzehrt"). Hebr. 12,29
verkündet als Zitat aus 5. Mose 4,24: „Unser Gott ist ein ver-
zehrendes Feuer." Feuer ist ein vollkommenes Symbol für Zer-
störung, und darum ein Bild für Gericht.
   Lk. 12,49-50 bleibt für den deutschen Leser aus demselben
Grund ein Rätsel wie viele andere Verse unseres Evangeliums.
Diese Verse sind nicht Deutsch, auch nicht Griechisch, sondern

reines, unverhülltes Hebräisch. In nur zwei kurzen Versen finden wir einen ganzen Komplex von Hebraismen.

> „Ich bin gekommen,
> ein Feuer auf die Erde zu werfen,
> aber wie könnte ich wünschen, daß sie (die Erde)
> schon völlig verbrannt würde?
> Ich habe eine Taufe zu taufen,
> und wie bin ich bedrängt, bis sie vorbei ist."

Zunächst wollen wir festhalten, daß diese Verse ausgezeichnete Beispiele hebräischer Poesie darstellen. Hebräische Dichtkunst gleicht nicht der deutschen Poesie. Sie reimt sich nicht am Ende der Verse eines Gedichtes. Es kommt nicht auf die Wiederholung desselben Klanges, sondern auf die Wiederholung oder das Echo desselben Gedankens an. Man sagt dasselbe zweimal, aber jedesmal auf eine andere Art und Weise in unterschiedlichen, jedoch gleichwertigen Worten. Diese Besonderheit hebräischer Dichtung wird als „Parallelismus" bezeichnet. Das Aneinanderreihen von zwei synonymen Sätzen ist das Herz der hebräischen Dichtkunst. Wir begegnen ihr immer wieder im Alten Testament. Zum Beispiel: „Wir haben keinen Anteil an David, wir haben kein Erbteil an Isais Sohn" (2 Sam. 20,1). Beide Teile dieses Verses drücken übereinstimmende Gedanken aus. „Der Sohn Isais" ist Synonym für „David", und „Erbteil" ist das Äquivalent für „Anteil". Noch ein Beispiel für Parallelismus im Alten Testament: „Aus der Gewalt des Scheol werde ich sie befreien, vom Tod sie erlösen" (Hos. 13,14). „Befreien" ist Synonym für „erlösen" und „Scheol" Parallele zu „Tod".

In unserer Bibelstelle ist „Taufe" eine Parallele zu „Feuer" und „taufen" zu „werfen", während „wie bin ich bedrängt, bis sie vollbracht ist", dem Satzteil „wie wünschte ich, es wäre schon angezündet" entspricht.

Für den deutschen Leser ist diese Verdoppelung verwirrend. Es erscheint uns völlig unnötig, dasselbe zweimal zu sagen. Wir könnten ohne weiteres einen Teil dieses Doppelstückes, d. h. eine Seite des Parallelismus auslassen. Für den hebräischen Sprecher jedoch ist diese Wiederholung einer Aussage eine besonders schöne Form der Sprache.

Eine weitere Unsicherheit entsteht in Verbindung mit der Zeitform des Verbes „kommen". Sollten wir übersetzen, „ich *kam*, um Feuer auf die Erde zu werfen" oder „ich *bin gekommen*, Feuer auf die Erde zu werfen"?

Das Hebräische besitzt nicht ein so ausgeklügeltes Zeitform-System wie das Deutsche oder das Griechische. Im Deutschen beispielsweise kann man unterscheiden zwischen der einfachen Vergangenheit (er schrieb), dem Perfekt (er hat geschrieben), der vollendeten Vergangenheit (er hatte geschrieben), im Englischen gibt es noch die fortdauernde Vergangenheit (er war im Begriff zu Schreiben), und fortdauerndes Plusquamperfekt (er war im Begriff gewesen zu schreiben). Im Hebräischen gibt es nur eine Vergangenheitsform der Verben. Alle fünf obigen Vergangenheitsformen des Verbes „schreiben" würden ins Hebräische mit ein und demselben Wort übersetzt werden – *katav*.

Überraschenderweise ist das griechische Verb „kommen" (*elthon*) in Vers 49 im Aorist geschrieben. Der griechische Aorist beschreibt, ähnlich wie die einfache Vergangenheitsform in der deutschen Sprache, eine einfache Handlung in der Vergangenheit: z. B., „ich *traf* den Ball" (ein einmaliges Geschehen irgendwann in der Vergangenheit). Um eine fortwährende Aktion in der Vergangenheit oder Gegenwart auszudrücken, hat die griechische Sprache andere Zeitformen. *Elthon* kann darum nur auf eine einzige Art und Weise übersetzt werden – „ich kam". Es hat im Griechischen keine andere Bedeutung. Die Befolgung der griechischen Grammatik läßt nur den Schluß zu, Jesus sei bereits zu einer bestimmten Zeit in der Vergangenheit gekommen. Das wiederum ergibt keinen Sinn. Jesus spricht zu seinen Jüngern nicht über die Vergangenheit. Er spricht über die Gegenwart.

Der Kontext zwingt uns zu der Übersetzung „ich bin gekommen". Trotzdem übersetzen manche Übersetzer, wie z. B. die Revised Standard Version, „ich kam". Man verkannte irrig, daß der griechische Text eine Übersetzung aus einem hebräischen Original war. Sie übernahmen in ihre Übersetzung einen Hebraismus, der vorher schon im griechischen Text versteckt war. Ausgehend von dem Tatbestand, eine griechische Fassung des hebräischen Originals zu übersetzen und des weiteren in Kenntnis, daß griechische Übersetzer bei der Wiedergabe hebräischer Vergangenheitsformen traditionell den griechischen Aorist anwandten, dann besteht kein Zwang, *elthon* immer mit „ich kam" zu übersetzen.

Immer wieder wird dieser Fehler bei der Übersetzung griechischer Verben begangen, z. B. in der Fassung von Lk. 19,10: [1] „Denn der Sohn des Menschen (d. h. Jesus) *kam* zu suchen und zu retten, was verloren ist." Auch hier zwingt uns der Kontext dazu, „ist gekommen" zu übersetzen statt „kam". Es ist klar, daß Jesus *kam*, aber es ist genauso eindeutig, daß er immer noch da (auf der Erde) war, als er diese Worte sprach. Er *war gekommen*.

Diese Verwirrung in bezug auf die Zeitformen ist entstanden, weil der griechische Übersetzer der ursprünglichen hebräischen Biographie sich oft des griechischen Aorist bediente, um die hebräische Vergangenheitsform zu übersetzen, eine übliche Praxis seit der Zeit der Übersetzer der Septuaginta (Griechische Übersetzung des Alten Testamentes – ca. 200 v. Chr). Im Fall der Rückübersetzung des griechischen Textes ins Hebräische endet die Verwirrung. Man muß also sehr sorgfältig damit sein, daß man nicht das Griechische übersetzt, sondern das „dahinter stehende" Hebräisch!

Wichtiger als die genaue Zeitform des Verbes „kommen" ist die Definition des Zeitwortes in diesem Kontext. Wenn Jesus sagt „ich bin gekommen", wird dem deutschen Leser unmittelbar in einem Bild klar, wie Jesus seinen himmlischen Thron verläßt und als der Knecht des Herrn auf die Erde kommt. Indessen, „ich bin gekommen" kann in vielen Fällen ein hebräisches Idiom sein, das eine Absicht oder einen Zweck ausdrückt. In Lk. 12,49 meint Jesus mit großer Sicherheit nicht „ich bin gekommen" in einem buchstäblichen Sinn. Er gebraucht „kommen" in seinem idiomatischen Sinn: „Ich *beab-*

*sichtige,* Feuer auf die Erde zu werfen"; „mein *Zweck* (oder besser: meine *Aufgabe*) ist es, Feuer auf die Erde zu werfen".

Es folgt nun ein weiterer Hebraismus, dem gegenüber der deutschsprachige Leser unempfindlich sein mag, der jedoch mit großer Sicherheit einem griechischen Sprecher zuwiderläuft: ein Verb der Bewegung, gefolgt von einem Infinitiv – in diesem Fall das Verb „kommen" gefolgt durch den Infinitiv „zu werfen". Das ist absolut korrekte hebräische Syntax, dem Griechischen aber ist diese Konstruktion fremd. Zu unserer Überraschung finden wir überall in den Evangelien Matthäus, Markus und Lukas zahlreiche Beispiele dieser Konstruktion *Verb der Bewegung plus Infinitiv,* obwohl sie in Griechisch geschrieben wurden. „Er stand auf zu lesen" in Lk. 4,16 ist ein weiteres Beispiel dafür (Verb der Bewegung „aufstehen" plus Infinitiv „zu lesen"). Es mag sich um eine unbeachtliche Stelle handeln, jedoch ein wichtiger Hinweis darauf, daß hinter unseren griechischen Texten ein hebräisches Original steht.

Weitere Hebraismen sind auszumachen hinter dem Griechisch des zweiten Teils von Vers 49: „Wie aber könnte ich wünschen, sie wäre bereits verbrannt". Buchstäblich sagt das Griechische: „Und was ich wünsche, wenn es schon angezündet wäre."

Zunächst, was sucht das „was" am Anfang dieses Satzes? Die King James Version gibt das Wort wie üblich sehr buchstäblich wieder: „*Was* will (= wünsche) ich." Jedoch „was ich wünsche" ist in Deutsch nicht sinnvoll. Die Schwierigkeit jedoch verschwindet in Kenntnis dessen, daß das hebräische Wort „was" nicht nur „was" bedeuten kann, wie in Griechisch oder Deutsch, sondern auch „wie".[2] „Wie" ist sicherlich die Bedeutung in diesem Kontext. Mit dieser, und ausschließlich dieser Bedeutung kann „was" parallel zu „wie" in Vers 50 gesehen werden.

Dann haben wir als nächstes zu fragen, ob Jesus tatsächlich wünschte, das Feuer des Gerichtes würde bereits brennen, wie alle deutschen Übersetzungen es aussagen. Die Revised Standard Version enthält die Fassung: „Ich hätte gerne, daß es bereits angezündet wäre." Die Neue Internationale Version übersetzt, mit den meisten anderen Versionen, „Wie wünsche ich, daß es bereits angezündet wäre". Kann man den Eindruck gewinnen, Jesus sehnte sich nach dem Beginn des Gerichtes? Nein! Das würde all dem spotten, was Jesus zu erreichen suchte: die Errettung von Menschenleben. Man mag diesen Satz so übersetzen, als ob es ein Wunsch wäre („Oh daß ...", „möchte gerne ...“), wäre da nicht das Wörtchen „bis", das den Worten „wie ich wünsche" folgt. „Bis" verändert die Bedeutung in „wie könnte ich wünschen ..." Jesus sehnte den Tag des Gerichtes nicht herbei. Ganz im Gegenteil, er würde ihn auf eine unbestimmte Zeit zurückstellen. „Wie könnte ich wünschen", sagt er. Er will nicht, daß jemand verloren gehe.

Jesus schreckt hier eindeutig vor dem Gedanken an Feuer oder Gericht zurück. Fraglich ist, ob er an seinen Beginn (daß es „angezündet" würde) oder an sein Ende (das Jüngste Gericht) denkt. Die Unsicherheit entsteht durch ein hebräisches Wort („brennen") mit einem völlig anderen Bedeutungsinhalt als sein griechisches oder deutsches Gegenstück. Das hebräische Verb „brennen" kann im Sinne von „angezündet sein" wie in Deutsch oder Griechisch gebraucht werden. Es kann aber auch eine zweite Bedeutung haben, und zwar „in Brand setzen" (in Flammen ausbrechen); sogar eine dritte Bedeutung ist möglich: „verbrennen" (verzehrt werden). In Ex. 3,2 kommt Mose zu einem „brennenden" Busch (erste Bedeutung). In dem nächsten Vers sagt sich Mose: „Warum verbrennt der Busch nicht?" (dasselbe hebräische Wort, aber mit der dritten Bedeutung). Es ist die dritte Bedeutung, die wir hier in unserem Bibelabschnitt finden. Wenn wir einmal den griechischen Satz zurückübersetzen ins Hebräische, dann haben wir die Freiheit, nicht nur „schon brennend" zu übersetzen, sondern auch „bereits verzehrt vom Feuer". Liegt in „verzehrt vom Feuer" mehr Sinn als in „brennend"? Ja, denn dann haben wir eine bessere Parallele zu der Phrase „bis sie vollbracht ist" am Ende von Vers 50.

Wenn „verbrannt" die zutreffende Übersetzung des letzten griechischen Wortes in Vers 49 ist, dann sind alle unsere deutschen Übersetzungen unzutreffend. Das Subjekt von „ver-

brannt" kann nicht „Feuer" sein, sondern muß „Erde" sein.
Feuer brennt, aber es verbrennt nicht. Ein Stück Holz kann
verbrennen, und Feuer kann es verzehren (bewirken, daß es
verzehrt wird), aber auf Deutsch sagt niemand, daß das
Feuer verbrennt. Mose sagte sich nicht, „Warum verbrennt das
Feuer nicht", sondern, „Warum verbrennt der Busch nicht?"
Wir sind darum zu dem Schluß gezwungen, daß „es", das Subjekt von „verbrannt", sich bezieht auf „die Erde", und nicht
auf „Feuer".

Nach dem, was Jesus in Vers 49 sagt, können wir sicher
sein, daß das Endgericht noch nicht stattgefunden hatte, die
Erde noch nicht mit Flammen zerstört war. Man kann aber auch
nicht daraus schließen, das Feuer des Gerichtes habe noch nicht
zu brennen angefangen, die Erde sei noch nicht in Brand gesetzt. Tatsache ist – und das werden wir sehen –, daß die Erde
bereits brannte. Jesus hatte sie in Brand gesetzt.

*Ein rituelles Tauchbad, Mikvehbecken, das an der monumentalen
Treppe gefunden wurde, die hinaufführt zu dem doppelten Tor in der
südlichen Mauer des Tempelberges. Die östliche Seite der großen
Treppe ist über dem Becken zu sehen.*

*Ein weiteres rituelles Tauchbecken, das bei den Ausgrabungen am
Tempelberg freigelegt wurde. Der ganze Komplex dieser Tauchbecken lag
zwischen den mächtigen Treppen, die zu den doppelten
und dreifachen Toren in der Südmauer des Tempelberges führten.*

Vers 50 beginnt mit den Worten „Ich habe aber eine Taufe,
womit ich getauft werden muß". Diese Formulierung ist unzutreffend. Das hebräische Wort für „taufen" (*tovel*) kann sowohl
transitiv als auch intransitiv sein. Das hängt vom Kontext ab.
So kann ein griechischer Übersetzer entweder das hebräische
Wort mit „Ich taufe" (ich tauche einen Gegenstand unter) oder
mit „Ich werde getauft" (ich tauche mich unter) übersetzen.[3]
Wenn wir einmal den griechischen Infinitiv *baptisthenai* („getauft werden") ins Hebräische zurückübersetzen, haben wir die
Möglichkeit, das hebräische Wort wiederum mit „taufen" (transitiv) zu übersetzen.

Können wir den Text besser verstehen, wenn wir übersetzen „Ich habe eine Taufe zu taufen" (transitiv)? Die Antwort
lautet „ja". Wenn wir übersetzen „getauft werden" (mit allen
deutschen Übersetzungen der Bibel), dann geht uns die Parallele zu „werfen" in Vers 49 verloren. Um eine angemessene
Parallele zu haben, kann „Taufe" sich nicht auf etwas beziehen,

*Das rituelle Tauchbecken in der Südmauer von Massada.*
*1. Der Wasserzufluß; 2. das Sammelbecken; 3. das Tauchbecken,*
*das mit Nr. 2 durch ein Rohr verbunden ist; 4. ein kleines Becken zur*
*Waschung von Händen und Füßen vor dem Untertauchen in Nr. 3.*

dem Jesus sich unterwerfen muß, sondern eine Parallele zu
„Feuer", etwas, das Jesus auf die Erde und seine Bewohner
bringt; nicht etwas, das er sich selbst antut, sondern das er anderen antut. Die Taufe, von der Jesus spricht, ist nicht der ihm
drohende Tod durch die Kreuzigung, sondern das Feuer, das er
ausgelöst hat. Die Übersetzung „getauft werden" zerstört ei-
nerseits den Parallelismus als Poesie in diesen beiden Versen;
andererseits räumt die Übersetzung „taufen" eine Schwierigkeit
der Auslegung aus. Weiter, wenn das Original von Lk. 12,50
„taufen" lautet (transitiv), bezieht sich Jesus mit größerer
Wahrscheinlichkeit auf dieselbe Feuertaufe, von der Johannes
der Täufer spricht. Johannes sagte (Joh. 3,11), daß der Kommende die Menschen mit Feuer taufen würde, aber Johannes
sagte niemals etwas darüber, daß der Kommende selbst einer
Feuertaufe unterzogen werden würde.[4]
    Wir haben zwar in diesem Abschnitt den Beweis für die
Existenz eines hebräischen Originals nicht völlig ausgeschöpft,

gleichwohl verfügen wir nun über ausreichende Kenntnisse, um uns jetzt der ursprünglichen Bedeutung dieser Worte Jesu nähern zu können.

„Meine Aufgabe", sagte Jesus, „ist es, die Erde anzuzünden. Das tue ich. Die Erde brennt bereits. Ich habe schon den Samen des Gerichtes ausgesät, und eines Tages wird es ein letztes Gericht geben. Aber ich freue mich nicht auf diesen Tag des Gerichtes, den letzten Augenblick – den Augenblick meiner Rückkehr – wenn die Menschen nicht mehr die Möglichkeit haben werden, mich als Herrn anzunehmen. Wie könnte ich das ersehnen! Ich bin dazu ausersehen, die Erde zu taufen, die Welt zu richten. Das ist die Aufgabe, die mir von meinem Vater übertragen worden ist. Aber in der Zwischenzeit, eben bis das Gericht vollendet ist, ist es mir sehr schwer. Wie leide ich darunter: während einige Menschen bereit sind, meine Jünger zu werden, weisen andere meine messianischen Ansprüche zurück."

Bis zu diesem Punkt haben wir noch einen bedeutenden Fakt unbeachtet gelassen. Lk. 12,49-50 ist eigentlich nur eine Einführung zu den nächsten drei Versen. Die Verse 51-53 formulieren die Verse 49 und 50 neu, erklären und erweitern sie. Die Verse 51-53 sollten demnach zeigen, ob unsere Auslegung der Verse 49 und 50 korrekt ist.

Jesus war Prophet. Sehr oft vergessen wir diese prophetische Rolle. Er handelte als Prophet. Seine Sprache war die eines Propheten. Und ebenso wie die alttestamentlichen Propheten spricht er oft in Allegorien. Leider ist ein Prophet, wenn er in Allegorien spricht, schwer zu verstehen. Zum Glück wiederholt er gewöhnlich in einer weniger verschleierten Sprache, was er vorher allegorisch gesagt hat. Dies wiederum führt zu einer doppelten Aussage, das ist ein besonders charakteristisches Merkmal hebräischer Denkart. Wir können es auch einen weiteren Typus des Parallelismus nennen. Zunächst vermittelt der Prophet seine Botschaft in einer Allegorie, danach spricht er in deutlicheren Worten.

Ein gutes Beispiel für dieses Phänomen ist Hes. 21,1-12. Der Prophet Hesekiel spricht zunächst allegorisch (21,1-5), und dann drückt er in klarerer Sprache aus (21,6-12), was er unmittelbar vorher in einer Allegorie gesagt hat (Ein weiteres Beispiel ist die Allegorie von Hes. 17,3-10 und die Wiederholung in 17,12-21). Aus dem zweiten Abschnitt lernen wir, daß der „grüne Baum" und der „trockene Baum" der Allegorie (21,3) sich auf den Gerechten und den Gottlosen beziehen, und daß unter *Teman, Darom* und *Negev* (21,2 – drei hebräische Bezeichnungen für den Süden) *Jerusalem, seine Heiligtümer und das Land Israel* zu verstehen sind.

In unserem Abschnitt des Evangeliums spricht Jesus zuerst in einer Allegorie (Lk. 12,49-50) und wiederholt sich dann in ausführlicheren Worten (12,51-53). Achten wir auf die Parallelen zwischen der Allegorie und ihrer Erklärung. Sowohl „ich bin gekommen" als auch „Erde" erscheinen sowohl in der Allegorie als auch in ihrer Erklärung. Man kann demnach leicht erkennen, daß der Ausdruck „Entzweiung geben" (Ein weiterer Hebräismus, im Deutschen würden wir sagen: „Entzweiung bringen" oder „hervorrufen") in der Erklärung eine Parallele zum Ausdruck „Feuer werfen" in der Allegorie darstellt. Es ist unübersehbar, daß die Verse 51-53 Licht in das hineinbringen, was Jesus in der Allegorie gesagt hat. Nun ist die Frage: Können wir die Erklärung besser verstehen als die Allegorie?

Die Verse 51-53 lassen sich leichter übersetzen als die Allegorien in den zwei vorhergehenden Versen. Jesus verursacht Entzweiung. Das Wort, das im hebräischen Originaltext gestanden haben muß, bedeutet Unstimmigkeit, Meinungsverschiedenheit, Disput. Jesus war nicht gekommen, um Frieden zu bringen und Harmonie, sondern Entzweiung und Streit. Sogar die Mitglieder einer Familie würden über Jesus nicht einer Meinung sein. Der eine würde ein Jünger werden, der andere nicht. Das ist ohne Zweifel dieselbe Meinungsverschiedenheit, die der gerechte Simeon im Tempel prophezeit hatte: „Dieses Kind ist gesetzt zum Fall und Aufstehen vieler in Israel, und zu einem Zeichen, dem widersprochen wird (Ursache von Entzweiung) ... damit die Überlegungen aus vielen Herzen offenbar werden" (Lk. 2,34-35).

Das „Zeichen, dem widersprochen wird" aus der Weissagung Simeons ist Jesus. Jesus war, wie er selbst erklärte, seiner Generation ein Zeichen in gleicher Weise wie Jona für die Leute von Ninive (Lk. 11,30). Die Bevölkerung Ninives war in bezug auf Jona und das, was er predigte, zu einer Entscheidung gezwungen. Ihre Wahl lag darin, Gott zu glauben, der durch den Propheten sprach, oder Zerstörung zu erleben. Sie hatten Gottes Zeichen anzunehmen oder abzulehnen. Die Menschen der Generation, in der Jesus lebte, mußten sich seinetwegen entscheiden und, ähnlich wie die Leute in Ninive, Gottes Zeichen entweder annehmen oder ablehnen.

Simeon spricht in seiner Weissagung von Gedanken, die offenbar würden. Dies, ebenso wie „das Zeichen, dem widersprochen wird", bezieht sich auf die Kontroverse um Jesus. Die messianischen Ansprüche Jesu würden Entzweiung und sogar Familienstreit hervorrufen. Jede einzelne Person, die Jesus anrufen würde, wäre gezwungen, einen Standpunkt für oder gegen ihn einzunehmen. Die Gedanken und die persönliche Stellung zu Jesus würden bekannt werden.

In diesem Sinne hatte das Gericht, von dem Jesus in Lk. 12,49-50 sprach, die von Johannes vorausgesagte Feuertaufe, bereits begonnen, und zwar in dem Moment, als Jesus anfing, Männer und Frauen in seine Bewegung, das Reich Gottes, zu rufen. Das letzte Gericht würde bei Jesu Wiederkunft stattfinden; in der Zwischenzeit jedoch würden die Menschen ihr ewiges Schicksal bestimmende Entscheidungen treffen.[5] Wenn sie ihm nicht glaubten, sich nicht bekehrten, würden sie verdammt. Darüber hinaus würden die Männer von Ninive, die sich bekehrten, ihre Ankläger vor Gericht sein (Lk. 11,32).

Auf dem Spiel standen Leben oder Tod, Heil oder Verdammnis. Aus diesem Grunde war Jesus zutiefst betrübt.[6] Er hing an jeder Entscheidung. Er freute sich über jeden einzelnen Sünder, der Buße tat. Sein Herz zerriß angesichts eines jeden „Gerechten", der dachte, er bedürfe der Buße nicht.

Dieser Abschnitt, Lk. 12,49-50, ist noch in einer anderen Hinsicht außergewöhnlich. Es handelt sich um ein Wort, durch das Jesus indirekt den Anspruch erhebt, Gott selbst zu sein. Im Alten Testament ist es der Herr immer selbst, der mit Feuer kommt (vergleiche Jes. 66,15-16, s. S. 98) oder der ein Gerichtsfeuer anzündet. „Ich werde Feuer senden" oder „Ich werde einen Brand entfachen" sind immer wiederkehrende Sätze im Alten Testament, wobei sich das „Ich" auf den Herrn bezieht. Als Jesus in der ersten Person davon sprach, Feuer zu werfen oder zu senden, müssen seine Zuhörer geschockt gewesen sein. Und das war nicht die einzige Gelegenheit, in der Jesus darauf hinwies, er sei der Herr, der Allmächtige. Jesus zögerte nie, wie Gott zu reden oder zu handeln.

Jesus ist auch wie Gott um die Sünder besorgt. „Der Sohn des Menschen", sagt Jesus, „ist gekommen, zu suchen und selig zu machen, was verloren ist" (Lk. 19,10).[7] Wie ein guter Hirte kennt und liebt Jesus jedes Schaf. Er würde nicht daran denken, auch nur ein einziges aufzugeben, das irgendwie von der Herde weggelaufen ist. Diese Sorge um das Verlorene erklärt Jesu Angst in Lk. 12,49-50. Bis zum Tag des Gerichtes steht er unter großem emotionalem Streß, und dennoch, trotz dieses Stresses, sehnt er sich auch nicht im geringsten nach diesem Tag; denn dann wird es nicht mehr möglich sein, das Verlorene zu erretten.

Im zweiten Brief des Petrus finden wir eine bemerkenswerte Parallele zu Lk. 12,49-50. Wie Lk. 12,49-50 spricht diese Stelle vom Gericht, aber auch von dem Mitleid und der Geduld des Herrn. Es ist solch eine faszinierende Parallele, daß ich sie abschließend zitiere:

> „Die jetzigen Himmel und die jetzige Erde aber sind durch dasselbe Wort aufbewahrt und für das Feuer aufgehoben zum Tag des Gerichts und des Verderbens der gottlosen Menschen. Dies eine aber sei euch nicht verborgen, Geliebte, daß beim Herrn ein Tag ist wie tausend Jahre und tausend Jahre wie ein Tag. Er verzögert nicht die Verheißung, wie es einige für eine Verzögerung halten, sondern er ist langmütig euch gegenüber, da er nicht will, daß irgendwelche verloren gehen, sondern daß alle zur Buße[8] kommen. Es wird aber der Tag des Herrn kommen wie ein Dieb, an ihm werden die Himmel mit gewaltigem Geräusch verge-

hen, die Elemente aber werden im Brand aufgelöst und die Erde und die Werke auf ihr im Gericht erfunden werden" (2 Petr. 3,7-10).

---

1 Ein weiteres Beispiel für diese Art der falschen Übersetzung von seiten der RSV-Übersetzer finden wir in Mt. 11,19 – „der Sohn des Menschen kam, der da ißt und trinkt" (anstatt „der Sohn des Menschen ist gekommen, der da ißt und trinkt").

2 Ein Beispiel für das hebräische Wort „was" im Sinne von „wie" finden wir in der Pessach *Haggadah*, der Liturgie für das Festmahl und dem Gottesdienst am ersten Abend der Passahfeier. Zu einem gewissen Zeitpunkt der Feier stellt der jüngste Teilnehmer vier Fragen. Er beginnt die vier Fragen mit: „Wie (buchstäblich „*was*") ist diese Nacht anders als alle anderen Nächte? (Pesachim 10:4).

3 Die Taufe in der jüdischen Praxis war das Untertauchen eines Gegenstandes im Wasser, wie z.B. eines Kochgerätes oder eines anderen Gebrauchsgegenstandes, um es von ritueller Unreinheit zu reinigen; oder, indem man sich selbst im Wasser untertauchte, um rituell sauber zu sein. Sich untertauchen war ebenfalls eine der Initiationsriten, die von Proselyten praktiziert wurden, gemeinsam mit Beschneidung und Opfer. Ein Mann (oder eine Frau), der sich diesem Ritus unterwarf, wurde physisch nicht von einem anderen unterstützt. Er ging alleine in das Wasser hinein und tauchte sich selbst unter. Johannes der Täufer war nicht mit denjenigen im Wasser, die sich im Jordan untertauchten. Er wurde „der Täufer" genannt, weil er durch die Ermahnung zur Buße die Menschen dazu brachte, in das Wasser hineinzugehen und sich unterzutauchen. Die früheste Darstellung einer Taufe finden wir an einer Freske aus dem 2. Jahrhundert in einer Katakombe in der Nähe von Rom. Diese Wandmalerei zeigt Johannes den Täufer, wie er am Ufer eines Flusses steht und seine Hand helfend nach Jesus ausstreckt, der aus dem Wasser ans Ufer herauskommt.

4   Beachten wir, daß dieses Mißverständnis des Wortes „Taufe" in Lk 12,50
    zu unserer deutschen Redewendung „Feuertaufe" geführt hat, darunter
    versteht man eine schwere Prüfung, der sich jemand unterwerfen muß.
5   Jesus hatte von sich gesagt, daß er ein Zeichen für seine Generation sei
    (Lk 11,30). Daraus folgt, daß das Gericht bereits in der Generation, in der
    Jesus lebte, begann.
6   Daß Jesus so betrübt war und in diesem Augenblick Schmerz und Trauer
    erlebte, folgt daraus, daß das Gericht für ihn eine gegenwärtige Realität
    war, etwas, das bereits begonnen hatte.
7   Auch hier stellt sich Jesus mit Gott auf eine Stufe, für Lk. 19,10 gibt es
    eine Parallelstelle in Hes. 34 besonders 34,12. Dort ist es der Herr selbst,
    der ganz ausdrücklich sagt: „Ich, ich selbst ... will meine Schafe suchen
    und erretten."
8   Achten wir darauf, daß sowohl hier als auch im Abschnitt, wo Jesus vom
    „Zeichen des Jona" spricht (Lk. 11,29-32), die Buße als notwendig er-
    wähnt wird, um dem Gericht zu entfliehen.

## Kapitel 11

# „Was immer du
# auf Erden binden (lösen) wirst, wird in den
# Himmeln gebunden (gelöst) sein."
## (Mt. 16,19 – siehe Seite 63)

Es ist hauptsächlich dem Einfluß der Septuaginta, der griechischen Übersetzung des Alten Testamentes aus dem 2. Jahrhundert v. Chr. zuzuschreiben, daß die meisten hebräischen Wörter sozusagen eine Standardübersetzung in Griechisch erfahren haben. So sind z. B. die griechischen Verben *dein* und *luein* in Mt. 16,19 die Standardübersetzungen in der Septuaginta für „binden" und „lösen". Bei der griechischen Fassung eines hebräischen Wortes mit mehrfacher Bedeutung wurde üblicherweise die erste, originale Bedeutung gewählt. Weil sich nun die Standardübersetzung bei den griechischen Übersetzern so festgesetzt hatte, wandten sie sie selbst dann an, wenn ein hebräisches Wort in einem völlig anderen Kontext und mit einer nicht zu übersehenden anderen Bedeutung vorkam. Damals war das Übersetzen eine extrem mechanische und buchstäbliche Angelegenheit.

Eine solche Übersetzungsmethode ist im Grunde für die Wiedergewinnung des hebräischen Textes wie z. B. das *Leben Jesu*, das nur in einer griechischen Fassung überliefert worden ist, ein versteckter Vorteil. Dies erleichtert erheblich die Zurückübersetzung von Griechisch in Hebräisch. Diese Art von Übersetzung ist indessen alles andere als ein Segen für den unglücklichen Leser der deutschen Version eines dieser überle-

benden griechischen Texte, wenn der übersetzende Gelehrte
nicht entsprechende hebräische Ausdrücke sucht und ohne
Rücksicht auf die Vorgabe durch den Textzusammenhang das
Griechische mechanisch ins Deutsche überträgt. Wagt dieser
Gelehrte die Rückübersetzung eines griechischen Abschnittes
in idiomatisches Hebräisch, dann wird er entweder buchstäblich übersetzen und als Ergebnis ein Produkt erzeugen, das im
Deutschen keinen Sinn ergibt, oder aber – was noch schlim-
mer ist – er wird eine „gelehrte" Vermutung riskieren, die dann
zwar in gutem Deutsch dasteht, aber nichts mehr mit der ursprünglichen hebräischen Bedeutung zu tun hat.

Einem solchen Fall begegnen wir, als deutsche Übersetzer
des Neuen Testamentes das „gute Auge" in Mt. 6,22 zu behandeln hatten. „Wenn dein Auge gut ist" ist eine idiomatische
Weise auf Hebräisch zu sagen, „wenn du gütig, großzügig
bist". Unsere deutschen Übersetzer haben dieses hebräische
Idiom jedoch nicht erkannt. Fast alle Übersetzungen erhalten
den Singular „Auge" auch in dem Fall, wo „Augen" im Deutschen verständlicher wäre. Muß nur ein Auge gut sein? Welches, das rechte oder das linke? Nur drei englische Übersetzungen (Good News for Modern Man, New English Bible,
New International Version) und eine deutsche Übersetzung
(„Hoffnung für alle") haben die Absurdität des Ausdrucks im
Singular von „Auge" gespürt. Diese Übersetzungen lesen dann
„Augen", trotz der Tatsache, daß der griechische Urtext „Auge"
sagt.

Eine noch größere Abweichung besteht bei der Übersetzung des Wortes „gut". Weymouth und die New International
Version übersetzen buchstäblich. Aber offensichtlich bedeutet
„gut" im Verhältnis zum Auge nichts Besonderes. Andere
Übersetzer rätseln nur über die Bedeutung von „gut". „Lauter"
oder „klar" ist auch eine traditionelle Übersetzung von „gut"
(Luther, Rev. Elberf. Übers.). Die meisten modernen Übersetzungen ziehen „gesund" vor (Ludwig Albrecht, Goodsped, Jerusalem Bible, New Berkeley, New English Bible, Phillips, Revised Standard, Williams). Andere Vorschläge sind „klar" (Die
Gute Nachricht, Hoffnung für alle), und „rein" (The Living

Bible). Bruns sagt „beseelt". Nur James Moffatt übersetzt „gutes Auge" mit „gütig", aber auch er gebraucht „gesund" in der lukanischen Parallele zu Mt. 6,22. (Ein und dasselbe griechische Wort „gut" erscheint an beiden Stellen.) Anscheinend begann bei Moffatt bereits der Zweifel hinsichtlich seiner Übersetzung von Mt. 6,22, als er nach einiger Zeit zu Lk. 11,34 kam.

Die hebräischen Wörter für „binden" und „lösen" erscheinen im Alten Testament jeweils mit mehr als einer Bedeutung. „Binden" z. B. kann „binden" (Ri. 15,12; 16,11) bedeuten, „fesseln" (2. Kön. 17,4), einen Wagen, Karren oder Kriegswagen „anspannen" (Gen. 46,29) oder ein Tier „aufzäumen" (Gen. 49,29); und bis zur Zeit Jesu hatte das Wort „binden" bereits eine zusätzliche Bedeutung gewonnen: „binden" im Sinne von „verbieten". Ähnlich hatte „lösen" die gegenteilige Bedeutung angenommen – „erlauben". Diesen letzten Bedeutungen von „binden" und „lösen" begegnen wir sehr oft in der rabbinischen Literatur. Die Weisen wurden laufend von der Gesellschaft darum gebeten, biblische Anordnungen zu interpretieren. War diese oder jene Handlung erlaubt? War dieser oder jener Gegenstand oder eine Person rituell rein? Die Bibel z. B. verbietet die Arbeit am Sabbat, aber sie definiert „Arbeit" nicht. Als Ergebnis davon waren die Weisen zur Erklärung aufgerufen, was jemand am Sabbat tun durfte und was nicht erlaubt war. Sie „banden" (verboten) bestimmte Tätigkeiten und „lösten" (erlaubten) andere Tätigkeiten.

Interessanterweise definierten die Weisen Arbeit als eine Tätigkeit, welche die Herstellung, die Be- oder Verarbeitung eines Gegenstandes einschloß. Arbeit ist demnach nicht unbedingt eine Tätigkeit, die zu physischer oder mentaler Ermüdung führt. Das Studium ist am Sabbat erlaubt. „Man kann den Sabbat mit dem Öffnen und Schließen von Büchern verbringen, bis man vor Erschöpfung zusammensinkt, und doch verletzt man den Sabbat nicht. Andererseits bedeutet das bloße Anzünden auch nur eines Streichholzes eine Entweihung des Sabbats, weil das eine Schöpfung einschließt" (Chill 1974:37).

Die Mischnah enthält viele rabbinische Anordnungen über das, was „gelöst" (erlaubt) oder „gebunden" (verboten) ist:

> Während des Krieges Vespasians (66–70 n. Chr.) verboten sie (die Weisen) Girlanden für den Bräutigam und das Spielen von Glocken. Während des Krieges von Quietus (116–117 n. Chr.) verboten sie die Girlanden für die Bräute und daß jemand seinen Sohn Griechisch lehrte. Im letzten Krieg (der Bar-Kochba-Revolte, 132–135 n. Chr.) verboten sie der Braut, auf einer Sänfte durch ihr Dorf getragen zu werden. Unsere Weisen jedoch erlaubten (buchstäblich „lösten") der Braut, auf einer Sänfte durch ihr Dorf getragen zu werden (Sotah 9:14).
>
> Wenn ein Mann ein Gelöbnis ablegt, keine Milch zu trinken, darf er („gelöst") Molke trinken. Rabbi Yoseh verbietet es ... Wenn jemand gelobt, sich von Fleisch zurückzuhalten, ist ihm Brühe erlaubt (d. h. das Wasser, in dem das Fleisch gekocht wurde) ... Rabbi Judah verbietet es ... Wenn ein Mann gelobt, keinen Wein zu trinken, ist ihm eine gekochte Speise erlaubt, die nach Wein schmeckt (Nedarim 6:5-7).
>
> Er (Rabban Gamaliel) badete am ersten Abend nach dem Tod seiner Frau. Seine Jünger sagten zu ihm: „Hast du uns nicht gelehrt, daß es einem Trauernden verboten (buchstäblich „gebunden") ist zu baden?" Er sagte ihnen: „Ich bin nicht wie andere. Ich bin nicht gesund" (Berachoth 2:6).
>
> Wenn ein Mann Erzeugnisse in Syrien verkauft und gesagt hat: „Es ist vom Land Israel", dann müssen Zehnte gezahlt werden. Wenn er sagt: „Es ist bereits verzehntet", muß ihm geglaubt werden, da der Mund, der verbot (buchst. „band") der Mund ist, der erlaubt (buchst. „Löst" – Demai 6:11).[1]

Der griechische Übersetzer von Mt. 16,19 gebrauchte *dein* und *luein*, die griechischen Standardübersetzungen der hebräischen

Wörter „binden" und „lösen", obwohl die Bedeutung dieser Worte im Sinne von „verbieten" und „erlauben" in diesem Kontext offensichtlich ist. Jesus gibt Petrus die Entscheidungsvollmacht, die das Leben der Gemeinde regelt. Er überträgt die Schlüssel des Himmelreiches als Symbole der Vollmacht auf Petrus. Von ihm getroffene Entscheidungen oder Anordnungen werden die Vollmacht des Himmels hinter sich haben. Seine Entscheidungen werden von Gott mitgetragen. („Himmel" ist ein umfangreiches Synonym für „Gott".) Was Petrus verbieten würde, würde auch der Himmel verbieten. Was Petrus erlauben würde, würde auch der Himmel erlauben.

Die von Jesus gegründete Bewegung (die Gemeinde) war ein neues Phänomen in der jüdischen Geschichte. Bald würden Situationen entstehen, denen bisher noch kein Jude dieser Bewegung gegenübergestanden hatte, Situationen, über welche die Bibel keine Instruktionen gab, Situationen, mit denen sogar die Weisen, die Zeitgenossen Jesu, noch nicht zu tun hatten. Entscheidungen würden zu treffen, Lösungen zu finden sein. Was die Sache verschlimmerte: Jesus, ihr Lehrer, würde jetzt keine Entscheidungen mehr treffen, würde nicht mehr sagen, was erlaubt und was verboten sei. Petrus und die anderen Leiter der Gemeinde würden jetzt diesen Platz einnehmen. Sie sollten aber nicht unentschlossen sein aus Furcht vor falschen Entscheidungen. Sie hatten die Vollmacht, Entscheidungen zu treffen. Gott würde mit ihnen sein. Er würde ihre Entscheidungen unterschreiben.

Die Apostel würden – ebenso wie die Weisen von ihrer Gemeinschaft – von der Gemeinde ersucht werden, die Schrift auszulegen, Streit zu schlichten und Antworten in Krisenzeiten zu finden. Manchmal würden sie auch mit geringfügigen Klagen zu tun haben, z. B. den Klagen der griechischsprechenden Juden, daß ihre Witwen nicht behandelt würden wie die hebräischsprechenden Witwen bei der täglichen Nahrungsverteilung (Apg. 6,1-6). Ein anderes Mal würden die Apostel nötig sein, um schwierige Kontroversen zu entschärfen, Kontroversen, die in sich das Potential trugen, eine irreparable Trennung in der Kirche hervorzurufen. Ein solcher Streit ist uns in Apg. 15

beschrieben – der Streit darüber, ob man es Heiden erlauben dürfe, in die Gemeinde einzutreten, ohne vorher beschnitten zu werden und ohne daß man ihnen vorher das Halten des Gesetzes Mose befohlen hätte. Die getroffene Entscheidung ist ein klassisches Beispiel dafür, wie die Führer der frühen Gemeinde ihre Autorität zu „binden" und zu „lösen" ausübten.

Die Apostel und die Ältesten kamen in Jerusalem zusammen, um das Problem zu diskutieren. Es gab viele Debatten. Petrus sprach (Apg. 15,7-11), dann Jakobus (Kap. 15,13-21). Die Haltung des Petrus war wahrscheinlich ausschlaggebend; denn ihm hatte Jesus ursprünglich die Vollmacht gegeben, Entscheidungen hinsichtlich der Gemeinde zu treffen. Petrus „löste". Er stellte fest, daß das Joch des Gesetzes zu schwer für die früheren Heiden war (Vers 10). Von ihnen sollte nicht verlangt werden, das Gesetz des Mose zu halten. Petrus befreite sie von dieser Pflicht. Jakobus stimmte dem zu. Auch er „löste": „Deshalb urteile ich, man solle die, welche sich von den Nationen zu Gott bekehren, nicht beunruhigen" (Vers 19). Jakobus jedoch „band" (Vers 20) auch, ebenso wie er „löste". Er verfügte nämlich, daß die gläubig gewordenen Heiden sich vom Götzendienst sowie der kultischen Prostitution distanzieren sollten[2] und daß sie kein Fleisch verzehren dürften, von dem das Blut nicht vollständig beseitigt war[3] (ebenso auch das Fleisch von Tieren, die man nur erdrosselt hatte, anstatt sie zu Tode bluten zu lassen). Jakobus verbot drei Dinge.

Man folgte ihren Worten, und so wurden die Anordnungen von Petrus und Jakobus, einschließlich der Verbote des Jakobus, von dem Rest der Leiterschaft bestätigt, und später von der gesamten Gemeinde (Vers 22).

---

1  Mit anderen Worten, dem Mund, der dieses Produkt zu essen erlaubt, weil gesagt ist, es sei bereits verzehntet worden, ist zu vertrauen, da es derselbe Mund ist, der vorher verboten hat, zu essen, bis der Zehnte bezahlt wurde, weil gesagt war, das Erzeugnis stamme aus dem Land Israel.

2  „Unkeuschheit" ist eine sehr schwache Übersetzung. Das entsprechende hebräische Wort für das griechische Substantiv hat immer zu tun mit Prostitution.

3  Das Gebot, kein Blut zu essen, finden wir in 3. Mo. 7,26.

# Kapitel 12

## „Wenn eure Gerechtigkeit nicht vorzüglicher ist als die der Schriftgelehrten und Pharisäer, so werdet ihr nicht in das Reich der Himmel eingehen."
### (Mt. 5,20 – siehe Seite 64)

Die Schriftgelehrten und Pharisäer waren überaus vorsichtig bei ihren religiösen Vorschriften. Müssen wir noch gerechter sein als sie, wenn wir „in den Himmel" wollen? Auf den ersten Blick scheint es genau das zu sein, was Jesus sagt, und so haben auch viele der besten Bibelkommentatoren diese Worte verstanden. W. C. Allen zum Beispiel, der Herausgeber des Bandes über Matthäus, schreibt in seiner Serie im *International Critical Commentary*: „Denn eure Gerechtigkeit soll nicht geringer, sondern gewissenhafter sein als die der Schriftgelehrten und Pharisäer" (International Critical Commentary, Matthäus, S. 46). Tatsache aber ist, daß fast jeder Christ instinktiv die Unmöglichkeit einer solchen Auslegung fühlt. Sie stimmt überhaupt nicht mit der Lehre des übrigen Neuen Testamentes überein. Wie sollen wir nun dieses Wort Jesu verstehen? Der Schlüssel dazu liegt in einem korrekten Verständnis des Wortes „Gerechtigkeit" und des Ausdrucks „Himmelreich".

Zur Zeit Jesu hatte das inhaltsreiche alttestamentliche Wort *tsedakah* („Gerechtigkeit" im Sinne von Befreiung oder Erlösung – s. auch die Diskussion des Wortes Gerechtigkeit auf S. 69) bereits eine zweite, stark eingeschränkte Bedeutung gewonnen –

„Almosengeben" (finanzielle Hilfe für die Armen). In den Augen der Pharisäer waren Almosengeben, Gebet und Fasten die drei bedeutendsten Komponenten eines gerechten Lebens. Almosengeben war die bedeutendste der drei und demnach gleichlautend mit Gerechtigkeit, daß es später sogar Gerechtigkeit genannt wurde. In Mt. 5,20 spielt Jesus auf diese beiden Bedeutungen des Wortes *tsedakah* an – die ältere, breitere Bedeutung (Erlösung), und die neuere, engere Bedeutung (Almosengeben).[1]

In den Tagen Jesu hatte sich das Almosengeben in einigen Kreisen zu einer Art Verdienst entwickelt. Viele Juden glaubten, wie auch heute viele Christen, sie könnten ihre eigene Gerechtigkeit bewerkstelligen, anstatt sich der Gerechtigkeit Gottes zu unterordnen (Röm. 10,3). Jesus aber sagte: „Wenn eure *tsedakah* nicht größer ist als die *tsedakah* der Schriftgelehrten und Pharisäer – mit anderen Worten, wenn es nur die *tsedakah* ‚unter Normalgröße' der Schriftgelehrten und Pharisäer ist und nicht jene mächtige *tsedakah*, von der die Propheten gesprochen haben, dann werdet ihr nicht in das Himmelreich hineinkommen."

Und was ist das Himmelreich? Wir müssen uns daran erinnern, daß das Himmelreich nicht in der Zukunft liegt (s. S. 71–73 und 94–95). „Himmelreich" ist der Name Jesu für seine Bewegung, die Körperschaft seiner Jünger, und so bedeutet „in das Himmelreich eintreten oder kommen" nichts anderes als ein Jünger oder gläubig zu werden (Es bedeutet nicht, in den Himmel zu kommen). – Wenn eure Gerechtigkeit reduziert ist aufs Almosengeben, so ermahnte Jesus, werdet ihr nicht in meiner Bewegung, dem Himmelreich, sein. Wenn es eure *tsedakah* und nicht Gottes *tsedakah* ist, werdet ihr Gottes *tsedakah* (Erlösung) nicht erreichen. Ihr werdet sie nicht finden, weil ihr danach an einer falschen Stelle sucht.

---

1   Mt. 5,20 läßt sich natürlich nach Mt. 6,1 einfügen. Das mag auch die Plazierung in der ursprünglichen hebräischen Biographie gewesen sein. Mt. 6,1, wie Mt. 5,20, sind eine Warnung. Gleichzeitig handelt es sich auch um eine Überschrift für die drei Illustrationen, die unmittelbar darauf folgen: Almosengeben (Mt. 6,2-4); Gebet (Mt. 6,5-8); Fasten (Mt. 6,16-18). Es überrascht nicht, wenn Mt. 6,1 damit beginnt: „Habt acht, daß ihr eure Gerechtigkeit nicht übt vor den Menschen." Nehmen wir auch zur Kenntnis, daß das Wort „Heuchler" in allen drei Illustrationen vorkommt.

## Kapitel 13

*„Meint nicht, daß ich gekommen sei,*
*das Gesetz oder die Propheten aufzulösen:*
*Ich bin nicht gekommen, aufzulösen, sondern*
*zu erfüllen. Denn wahrlich, ich sage euch,*
*bis der Himmel und die Erde vergehen,*
*soll auch nicht ein Jota oder ein Strichlein*
*von dem Gesetz vergehen, bis alles geschehen ist."*
(Mt. 5,17-18 – siehe Seite 64)

In Mt. 5,17 bringt Jesus zum Ausdruck, er habe keine Absicht, das Gesetz zu zerstören oder aufzulösen. Auf die meisten Christen wirkt das wie ein Schock. Hat denn nicht der Apostel Paulus gesagt: „Christus ist des Gesetzes Ende" (Röm. 10,4)?[1] Die Feststellung Jesu erscheint in diesem Zusammenhang sehr widersprüchlich. Darum haben viele christliche Kommentatoren mit der Erklärung eine Lösung versucht, seine Worte bedeuteten eigentlich nicht das, was sie auszusagen scheinen. Diese Versuche sind vergeblich. Die Bedeutung der Worte Jesu ist klar. Solange die Welt steht, so fährt er in Vers 18 fort, wird auch das Gesetz bestehen. Hier stimmt Jesus völlig überein mit den Weisen: „Alles hat ein Ende (oder eine „Begrenzung") – Himmel und Erde haben ein Ende – außer einem, das nicht endet. Und was ist das? Das Gesetz" (Genesis Rabbah 10: 1); „Kein Buchstabe wird je vom Gesetz zerstört werden" (Exodus Rabbah 6:1); „Sollten sich auch alle Nationen der Welt zusammentun, um ein Wort des Gesetzes auszurotten, würden sie es nicht tun können" (Leviticus Rabbah 19:2).

Andere Kommentatoren haben das Wort „erfüllen" in Vers 17 besonders betont. Nach ihrer Interpretation fehlte etwas im Gesetz. Jesus vervollkommnete oder erfüllte das Gesetz. Er tat das Gesetz nicht hinweg. Er füllte nur das auf, was fehlte. Und was hat denn im Gesetz gefehlt? Der Messias. Jesus erfüllte das Gesetz, d. h. er erfüllte die messianischen Prophezeiungen, die im Gesetz gefunden wurden (und den Propheten). Mit anderen Worten, in Jesus erreichte das Gesetz seinen Höhepunkt. Anstatt zerstört zu werden, besteht es nun so, wie Gott es ursprünglich beabsichtigt hatte. Es war in einer Form zum Ende gelangt, aber jetzt wird es in einer anderen, vollkommenen Form weitergeführt.

Diese Auslegung hat auch ihre Probleme. Es ist wahr, Jesus *ist* die Erfüllung des Gesetzes, und nur in seiner Annahme als Messias gibt es Erlösung, aber ist es das, was Jesus in Vers 17 sagen will? Wenn er sagt, er ist „des Gesetzes Ende", warum sagt er dann schon im nächsten Vers, daß das Gesetz nicht verschwinden wird? Wenn Jesus in Vers 17 auf die messianische Erfüllung des Gesetzes hinweist, dann steht der Vers 17 mit dem Vers 18 in Konflikt.

Die Ermittlung des Sinngehalts dieses Verses ist überaus schwierig. Die Bedeutung ist offensichtlich verschlossen. Was der Vers auszusagen scheint, widerspricht dem, was wir von anderen Versen im Neuen Testament wissen. Die vorliegende deutsche Übersetzung ist nicht geeignet, das rechte Verständnis herbeizuführen. Wie so viele andere Verse in unseren deutschen Evangelien ist er unverständlich. Auch Griechisch hilft uns in diesem Vers nicht weiter. Das Griechische ist genauso undurchdringbar. Nach den jetzigen Kenntnissen bleibt als einzige Lösung, den griechischen Text ins Hebräische zurückzuübersetzen. In seinem Kontext wird nunmehr der Sinn dieses Abschnitts klar.

Wiederholungen dessen, was oben (Seiten 99–100) bereits über das hebräische Idiom „Ich bin gekommen" gesagt wurde, eine Redewendung, die eine Absicht oder einen Zweck beschreibt, sind an dieser Stelle entbehrlich. Etwas muß jedoch erneut betont werden. Wenn Jesus sagt „Ich bin gekommen", dann bezieht er sich nicht auf seine Inkarnation.

Beim Lösungsansatz zum rechten Verständnis hängt alles ohne Zweifel an der Bedeutung der Wörter „zerstören" (bzw. „auflösen") und „erfüllen" in Vers 17. Was meint Jesus damit, das Gesetz „zu zerstören" und das Gesetz „zu erfüllen"?

„Zerstören" und „erfüllen" sind gebräuchliche technische Ausdrücke in der rabbinischen Argumentation. Glaubte ein Weiser, bei einem Kollegen eine unzutreffene Interpretation einer Schriftstelle festgestellt zu haben, gab er zum Ausdruck: „Du zerstörst das Gesetz." In solch einem Fall bestanden ohne Zweifel erhebliche Differenzen. Was für den einen Weisen „die Zerstörung des Gesetzes" bedeutete, war für den anderen die „Erfüllung des Gesetzes" (die Schrift richtig auszulegen).

Ein anschauliches Beispiel rabbinischer Diskussion ist Mt. 5,17 ff. Irgend jemand hatte Jesus angeklagt, das Gesetz „zu zerstören". Natürlich würde weder Jesus noch sein Ankläger jemals denken, er würde das Gesetz buchstäblich zerstören. Darüber hinaus würde es dem Ankläger nicht in den Sinn kommen, Jesus die Absicht anzulasten, er wolle das mosaische Gesetz entweder ganz oder nur teilweise abschaffen. Was hier wirklich in Frage gestellt wird, ist Jesu System der Interpretation, seine Art, die Schrift auszulegen.

Angesichts dieser Anklage verneint Jesus vehement, daß seine Interpretations-Methode der Schrift ihre Bedeutung „zerstört" oder schwächt. Im Gegenteil, er behauptet, viel orthodoxer zu sein als sein Ankläger. Für Jesus ist ein „leichtes" Gesetz („Trage keinen Haß in deinem Herzen") genauso wichtig wie ein „schweres" Gesetz („Du sollst nicht morden").[2] Und ein Jünger, der nur ein „leichtes" Gebot bricht, wird als „leicht" (eine niedrigere Stellung haben) in Jesu Bewegung angesehen (Mt. 5,19).

„Denkt nie", sagt Jesus „daß ich beabsichtige, das Gesetz abzuschaffen, indem ich es falsch auslege. Weder will ich Gesetz schwächen noch es verleugnen, vielmehr ist die Stärkung des geschriebenen Wortes Gottes mein Ziel durch richtige Auslegung, d. h. ihm noch mehr Aussagekraft zu verschaffen. Ich würde das Gesetz niemals dadurch ungültig machen, indem ich etwas durch falsche Auslegung hinwegtue. Himmel und Erde würden eher vergehen als irgend etwas aus dem Gesetz. Nicht einmal der kleinste Buchstabe im Alphabet, das *yud*, noch sein dekoratives Häkchen (das Tüttel des yud ist der kleine Punkt, der von seinem oberen Ende nach unten zeigt) wird jemals vom Gesetz verschwinden".

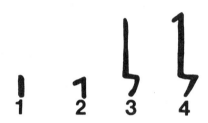

*Das „Tüttel" des yud ist das kleine dekorative Häkchen,*
*das von der oberen Ecke des yud nach unten zeigt. Andere Buchstaben,*
*z. B. das lamed (s. Illustration) können ebenfalls ein „Tüttel" haben.*
*1. yod 2. yod mit Tüttel 3. lamed 4. lamed mit Tüttel.*

---

1 Hier gebraucht Paulus das Wort „Gesetz" (Torah) nicht in seinem ursprünglichen Sinn, sondern in seiner späteren rabbinischen Bedeutung. Ursprünglich bedeutet das Wort torah „Weisung". Später kam es im rabbinischen Gebrauch zur Bedeutung „der Summe aller Gebote", und zwar, sowohl der mündlichen als auch der geschriebenen Gebote, durch die ein Mensch, wenn er sie hält, in Gottes Augen als gerecht angesehen werden kann.

2 Mt. 5,21-26 ist das erste von fünf Beispielen, das uns Jesus gibt, um uns seine Methode der Schriftauslegung zu illustrieren. Das Gebot „Du sollst deinen Bruder in deinem Herzen nicht hassen", finden wir in 3. Mo. 19,17. Das Gebot „Du sollst nicht morden" ist in 2. Mo. 20,13 und 5. Mo. 5,17 normiert.

# Kapitel 14

## *„Und eure Namen als böse verwerfen."*
## (Lk 6,22 – siehe Seite 66)

Erneut begegnen wir hier einem der vielen hebräischen Idiome, die in unseren deutschen Evangelien überliefert wurden (Diese Redewendung erscheint im Alten Testament in 5. Mo. 22,13.19 – vergleiche Neh. 6,13). Diese Redewendung ist nicht vollständig beibehalten worden; weil das Wort „als" weggelassen worden ist. Im Hebräischen heißt es nicht „Namen als böse", sondern einfach „Name böse" (*shem rah*). Warum? Weil im Hebräischen die Adjektive den Substantiven folgen. Im Deutschen sagt man „eine schmale Straße", im Hebräischen „eine Straße schmal". Im Deutschen sagt man „böser Name", im Hebräischen „Name böse". Der griechische Übersetzer der hebräischen Biographie glaubte fest an die wörtliche Übersetzung, aber auf Griechisch „Eure Namen böse hinauszuwerfen" zu schreiben, wäre auch für ihn kaum möglich gewesen. Mit der Übersetzung „Eure Namen *als* böse zu verwerfen" hoffte er, sie für seine griechischen Leser verständlicher zu machen.

Da ist noch eine Schwierigkeit. Selbst wenn wir das Wort „als" wegnehmen und korrekt übersetzen würden „böser Name" anstatt „Name böse", wäre dieser Ausdruck im Deutschen immer noch nicht klar. Was bedeutet „Euren bösen Namen hinauswerfen oder verwerfen"? „Hinauswerfen" oder „verwerfen" ist eine unbefriedigende deutsche Übersetzung, und zwar nicht, weil das betreffende griechische Verb nicht korrekt übersetzt wäre, sondern weil das griechische dem hebräischen Verb nicht entspricht, wie es eigentlich sein sollte. Nach der damaligen Regel fertigte der griechische Übersetzer eine festgelegte bzw. Standard-Griechisch-Übersetzung eines hebräischen Wortes an, anstatt ebenfalls ein griechisches Idiom zu verwenden.[1]

Unglücklicherweise haben das hier verwandte griechische Verb (*ekballo*) und seine hebräische Entsprechung (*hotzi*) nicht auch nur den Schatten einer gemeinsamen Bedeutung. Das griechische Verb bedeutet grundsätzlich „hinauswerfen". Das hebräische Verb (*hotzi*) ist die kausative Form einer Wurzel, die „ausgehen" bedeutet. Diese Form des hebräischen Verbs mag aus diesem Grunde buchstäblich übersetzt werden mit „bewirken auszugehen" (oder herauszukommen)". Es kann aber auch oft bedeuten „hinausgehen" im Sinn von „öffentlich machen" oder „veröffentlichen". Es kann kein Zweifel daran bestehen, daß die letztere Bedeutung in diesem Kontext vorzuziehen ist.

„Eure Namen böse zu veröffentlichen" (publizieren) ist eine einfache hebräische Art, wenn man sagen will: „Euch diffamieren", „euch schlechtmachen" oder „euch verleumden". Der traditionell übersetzte deutsche Satz mit den fünf Wörtern „eure Namen als böse verwerfen", ist ein hebräisches Idiom, das man ins Deutsche nur mit zwei Wörtern zu übertragen braucht: „Euch verleumden." Deutsche Übersetzer müßten in diesem Fall für das griechische Wort das hebräische Äquivalent suchen. Sollte nun ein deutscher Übersetzer ein entsprechendes deutsches Idiom finden wollen, das in etwa die Buchstäblichkeit des hebräischen Ausdrucks bewahrt, wie z. B. das Wort „Name", so hat er Ausdrücke zu seiner Verfügung wie z. B. „euch einen schlechten Namen machen" oder „euren Namen besudeln".

Jesus sagt: „Wenn ihr um meines Namens willen verleumdet werdet, so freut euch; denn eure Belohnung ist groß im Himmel."

---

[1] Für eine Erklärung der Übersetzungsmethode, die in der Antike durch griechische Übersetzer aus dem Hebräischen angewandt wurde, siehe Seiten 113–114.

# Kapitel 15

## *„Veränderte sich das Aussehen seines Angesichtes."*
## (Lk. 9,29 – siehe Seiten 66–67)

Eine etwas bessere deutsche Übersetzung wäre vielleicht, „Sein Gesicht veränderte das Aussehen". Im Griechischen steht, „Die Erscheinung seines Gesichtes war anders" – kein elegantes Deutsch, aber doch schließlich verständlich. In der deutschen Lutherbibel besteht die Schwierigkeit in dem archaischen Deutsch. Die Revidierte Elberfelder Übersetzung hilft auch nicht viel weiter. Viele ältere Übersetzungen weichen nur in der unterschiedlichen Wortwahl voneinander ab.

Obwohl der Ausdruck „das Aussehen seines Angesichts" (buchstäblich „die Erscheinung seines Angesichts") den Eindruck des Hebräisch erweckt – zwei Substantive werden auf charakteristische hebräische Art und Weise zusammengefügt –, begegnet man ihm nicht im Alten Testament. Wir können jedoch sicher sein, daß dieser Ausdruck gutes Hebräisch ist, weil man ihn in der hebräischen Literatur aus der Zeit Jesu findet, und zwar in der rabbinischen Literatur.[1]

Dieses Ereignis im Leben Jesu (Lk. 9,28-36) ist bekannt als Verklärung, obwohl das Wort „Verklärung" im Text nicht auftritt. „Verklärung" bezieht sich auf die übernatürliche Veränderung des Aussehens Jesu, beschrieben in Vers 29. Was geschah eigentlich mit Jesu Gesicht? Ganz offensichtlich begann es zu leuchten, ähnlich wie seine Kleider. Das mag Petrus, Jakobus

und Johannes an das Aussehen Moses erinnert haben, als er mit
dem Herrn sprach. Das Gesicht des Mose leuchtete, als er vom
Berg Sinai herabkam (2. Mo. 34,49). In gleicher Weise leuchtete es immer wieder, wenn er die Stiftshütte besuchte (2. Mo.
34,34-35). Die drei Jünger werden sich auch daran erinnert haben, daß Gott jedesmal, wenn er in die Stiftshütte eintrat, mit
ihm aus einer Wolke heraus sprach (2. Mo. 33,9). Auch hier,
anläßlich der Verklärung, sprach Gott aus einer Wolke heraus.

Mose und Elia erschienen und sprachen mit Jesus auf dem
Berg. Sie repräsentieren das Gesetz und die Propheten, die zwei
bedeutendsten Teile der hebräischen Bibel.[2] Mose vertritt das
Gesetz, die fünf Bücher Mose. Elia vertritt die Propheten, d. h.
nach der jüdischen Tradition die folgenden 21 Bücher: Josua,
Richter, 1. und 2. Samuel, 1. und 2. Könige, Jesaja, Jeremia,
Hesekiel und „die Zwölf" (die zwölf kleinen Propheten). Jesus
ist die Erfüllung des Gesetzes und der Propheten.

Mose und Elia sind die zwei großen Propheten des Alten
Testaments. Ihr Erscheinen bei Jesus unterstreicht seine prophetische Rolle. Mose hatte prophezeit (5. Mo. 18,15), daß
Gott eines Tages einen anderen Propheten gleich wie ihn aufstehen lassen würde. Diesem Propheten sollte gehorcht werden
(„auf ihn soll gehört werden").[3] Das gesamte Alte Testament
weist auf diesen großen Propheten in der Endzeit hin. Jesus war
der Prophet. Achten wir auch auf Antwort des Himmels auf
den Vorschlag des Petrus, drei Hütten zu bauen: „Dieser ist
mein auserwählter Sohn, ihn hört" (Lk. 9,35).

---

1   Den Ausdruck „die Erscheinung seines Angesichtes" finden wir zweimal
    in Sifre 2:103 und zweimal in Tosefta Sanhedrin 8:6.
2   Die drei Teile der hebräischen Bibel sind: das Gesetz, die Propheten und
    die Schriften.
3   „Hören" im Sinne von „gehorchen" wurde kurz auf den Seiten 70–71 dis-
    kutiert.

# Kapitel 16

## „*Nehmt ihr diese Worte in eure Ohren.*"
(Lk. 9,44 – siehe Seite 66)

Die obige Übersetzung der Worte Jesu sind so „undeutsch",
daß es beinahe an einen Witz erinnert. Die Übersetzer haben,
wie in allen anderen Fällen, lediglich den griechischen Text
einfach Wort für Wort ins Deutsche übersetzt. Eine vorschnelle
Herabwürdigung ihrer Arbeiten wäre allerdings deplaziert, weil
die „dynamische" Übersetzung, d. h. der Versuch, den Sinn des
Originals wiederzugeben, anstatt Wort für Wort zu übersetzen,
im Grunde ein Phänomen des 20. Jahrhunderts ist. Als der griechische Übersetzer der Urschrift über das „Leben Jesu" den
obigen hebräischen Ausdruck Wort für Wort ins Griechische
übersetzte, wandte er nur die herrschende traditionelle Übersetzungsmethode an. Etwa 1500 Jahre später, und noch lange
danach, übersetzten sowohl Luther als auch viele andere immer noch nach der Wort-für-Wort-Methode den gleichen Ausdruck vom Griechischen ins Deutsche; und auf diese Weise hat
sich ein schönes hebräisches Idiom in unseren deutschen Evangelien verewigt.
    Diese Redewendung, „nehmt diese Worte in eure Ohren",
steht so nur ein einziges Mal im Alten Testament – in 2. Mo.
17,14. Nach der Schlacht Israels gegen Amalek[1] in Rephidim
(2. Mo. 17,8-13), bekam Mose von Gott den Befehl, eine besonders wichtige Verheißung aufzuschreiben: „Ich werde die
Erinnerung an Amalek vollständig unter dem Himmel auslöschen." Diese göttliche Zusage war so bedeutsam, daß Gott

sie unbedingt dokumentiert, aufgeschrieben haben wollte. Er
wollte absolut sicher sein, daß man sich daran erinnerte.
„Schreibe dies zum Gedächtnis in ein Buch"; das sagt der Text
wörtlich. Aber Gott befahl Mose nicht nur, diese Verheißung
niederzuschreiben, er befahl Mose auch, *sie in die Ohren von
Josua zu legen* (d. h. zu „verkündigen"). „In die Ohren legen",
das beinhaltet mehr als bloßes Lesen oder Wiederholen vor den
Ohren des Josua. Zweifellos trägt diese Redensart darüber hinaus noch den Nachdruck: „Höre gut zu und erinnere dich an
alles; denn das, was du jetzt hören wirst, ist sehr bedeutend."

Warum diese besonderen Vorsichtsmaßnahmen? Warum lag
es Gott so am Herzen, die Erinnerung an diese besondere Verheißung sicherzustellen? Hier haben wir nämlich sowohl eine
Warnung als auch eine Verheißung. „Ich werde die Erinnerung
an Amalek vollständig unter dem Himmel auslöschen" beinhaltet, daß Gott den Stamm des Amalek nicht sofort zerstören
würde. Das erklärt auch Mose, indem er sagt, „Krieg hat der
Herr mit Amalek von Generation zu Generation" (2. Mo. 17,16).

Und aus welchem Grund beauftragte Gott Moses damit, Josua über diese Verheißung und Warnung zu informieren und
sonst niemanden? Josua würde nämlich der sein, der die
Schlachten mit Amalek schlagen würde. Josua mußte in bezug
auf die ihm bevorstehenden Schwierigkeiten gewarnt werden;
und selbstverständlich benötigte Josua Ermutigung durch die
Verheißung eines abschließenden Sieges über den Feind.

Mose machte klar (2. Mo. 17,16), daß in den kommenden
Generationen zwischen Israel und Amalek Krieg herrschen
würde. Die Geschichte bestätigt die Genauigkeit jener Ver-
heißung. Von der Zeit in der Wüste an bis in die Zeit der frühen
Monarchie war Amalek Israels Erzfeind. Erst nach den Siegen
Sauls und Davids hörten die Amalekiter schließlich auf, eine
Bedrohung für die südliche Grenze Judas darzustellen.

Sein Leben lang bekämpfte Josua die Amalekiter. Nach der
ersten Schlacht in Rephidim beschloß Gott, Josua müsse wissen, was vor ihm liege. Noch viele Schlachten würde es geben.
Josua würde ernsthaft geprüft, aber er dürfe nicht aufgeben. Eines Tages würde Amalek, der Feind, für immer besiegt sein. In

der Zwischenzeit müsse Josua weiterkämpfen. Der Krieg war nicht vorbei – das war die Warnung. Israel würde den Krieg gewinnen – das war die Verheißung. *Adonai-nissi* („der Herr ist mein Banner") in 2. Mo. 17,15 weist auf einen mit der Hilfe Gottes gewonnenen Krieg hin.

Ist der Ausdruck Jesu in Lk. 9,44 („nehmt in die Ohren") ein Zufall, der nur einmal in der hebräischen Bibel vorkommt? Als Wort zu einer Zeit, als die Mehrheit der im Land Israel wohnenden Juden die hebräischen Schriften fast auswendig kannte, wird das wohl ziemlich unwahrscheinlich gewesen sein. Nein, daß Jesus gerade diesen Ausdruck in einem Wort an seine Jünger verwendete, ist kein Zufall. Er setzt ihn nämlich unmittelbar vor diese Worte:

> „Seht, wir gehen jetzt hinauf nach Jerusalem, und alles, was von den Propheten über den Sohn des Menschen geschrieben worden ist, wird erfüllt werden: er wird leiden, er wird von den Ältesten, den Hohenpriestern und den Schriftgelehrten verworfen werden, und man wird ihn den Heiden überliefern; er wird getötet werden, aber am dritten Tag wird er auferstehen."[2]

Das sind Worte von außerordentlicher Tragweite. Kein Wunder, daß Jesus sozusagen in einem Vorwort ausruft: „Nehmt ihr diese Worte in eure Ohren!" Mit anderen Worten: „Hört mir gut zu! Was ich euch sagen werde, behaltet in eurem Sinn für die zukünftigen Tage." Jesus stellt seinen Worten einen Ausdruck aus dem Alten Testament voran, weil er die Verheißungswarnung in Erinnerung ruft, die Gott dem Josua gab. Jesus möchte seine Jünger auf die von ihnen zu erwartende Verfolgung vorbereiten, wenn er von den jüdischen Führern abgelehnt und dann wie ein Verbrecher hingerichtet werden würde. Gleichzeitig möchte Jesus die Jünger ermutigen, indem er sie des Sieges gewiß macht („Er wird getötet werden, aber er wird am dritten Tag auferstehen"). Keine andere Formulierung wäre für Jesus geeigneter gewesen, sie seinen Worten „Nehmt ihr diese Worte in eure Ohren voranzustellen!"

Wie Josua, Moses Nachfolger, standen auch die Jünger Jesu vor einer schweren Prüfung. Sehr bald schon würden sie versucht werden aufzugeben, einfach zu desertieren. Der Feind, Satan, würde nicht sehr freundlich sein. Trotz alledem sollten die Jünger nicht ihren Mut verlieren, denn Gott würde schließlich „das Andenken des Amalek ausrotten" (im Alten Testament symbolisiert Amalek als Erzfeind Israels den Satan).

---

1 Amalek war ein Stamm im südlichen Teil des Landes in der Nähe der Grenze zur Sinai-Wüste. Weil er sich Israels Versuch entgegenstemmte, in das verheißende Land zu gehen, war Amalek Gott besonders verhaßt und wurde dadurch zu einem Symbol des Erzfeindes seines Volkes.

2 Das ist eine Rekonstruktion aus drei Bibelstellen, wo Jesus zu seinen Jüngern über seinen Tod spricht: Lk. 9,22 (= Mt. 16,21); Lk. 9,44 (= Mt. 17,22-23); Lk. 18,31-32 (= Mt. 20,18-19).

# Kapitel 17

## *„Da richtete er sein Angesicht fest darauf ..."*
## (Lk. 9,51 – siehe Seite 66)

Die hebräische Sprache schließt in ihre Redewendungen gern die Bezeichnungen von Körperteilen ein: Kopf, Hände, Füße, Augen, etc.[1] „Angesicht" ist ebenfalls eingebettet in eine große Anzahl hebräischer Idiome. Hagar floh vom „Angesicht" der Sarai (1. Mo. 16,6.8); Jakob vom „Angesicht" Esaus (1. Mo. 35,1.7); und Mose vom „Angesicht" des Pharao (2. Mo. 2,15). Mose „verbarg sein Angesicht" in Furcht (2. Mo. 3,6); Gott „verbirgt sein Angesicht" manchmal im Zorn (5. Mo. 31,17.18; Jer. 33,5). Gott „setzt sein Angesicht gegen" Götzendiener (3. Mo. 20,3.5.6). Er kann „sein Angesicht über jemanden scheinen lassen" (jemand freundlich begegnen) (4. Mo. 6,25; Ps. 31,16) oder „sein Angesicht abwenden" (2. Chr. 30,9). Im Schmerz „fiel Josef auf das Angesicht" seines Vaters (1. Mo. 50,1). Jedoch vor dem König fällt man „auf sein eigenes Angesicht" (2. Sam. 9,6). König Joas „weinte über dem Angesicht" des sterbenden Elisa (2. Kön. 13,14). Jehu „hob sein Angesicht auf" zu dem Fenster, aus dem Isebel herausschaute (2. Kön. 9,32).

Im Hebräischen können Angesichter sogar gehen! Mose stellte sich Gott zur Verfügung, das Volk Israel unter der Bedingung in das verheißene Land hineinzubringen, daß Gottes Angesicht vor ihnen hergehen würde (2. Mo. 33,15).[2] Ebenso ist interessant, daß der Ausdruck „der Engel seines Ange-

sichts" in der Schrift einmal als Synonym für „der Engel des
Herrn" gebraucht wurde (Jes. 63,9). Nehmen wir auch zur
Kenntnis, daß in diesem Ausdruck „sein Angesicht" durch
„seine Gegenwart" in fast allen deutschen Bibeln ersetzt
wurde. „Gegenwart" jedoch ist nur der Versuch der Übersetzer, dem hebräischen Wort „Angesicht" einen Sinn zu geben.
Tatsache aber ist, daß in Hebräisch „Sein Angesicht" nur eine
andere Möglichkeit für „der Herr" ist. „Der Engel seines Angesichtes" ist ein Äquivalent für „der Engel des Herrn" und
nicht mehr.

Welcher Leser der gängigen Übersetzungen der Bibel erinnert sich nicht an das berühmte Wort „Schaubrot"? Das waren
die zwölf Laibe Brot, die vor jedem Sabbatabend gebacken und
auf einen Tisch in der Stiftshütte gelegt wurden. Dort blieben
sie bis zum folgenden Sabbat, wenn sie wieder durch frisches
Brot ersetzt wurden (2. Mo. 25,30). Zu einer späteren Zeit, im
Tempel Salomos nämlich, lagen diese Brote auf einem goldenen Tisch (1. Kön. 7,48). Moderne Übersetzer der Bibel haben
inzwischen den Ausdruck „Brot der Gegenwart" dem alten
Wort „Schaubrot" vorgezogen, „Schaubrot" und „Brot der Gegenwart" jedoch sind Folge der Schwierigkeit, ein hebräisches
„Angesicht"-Idiom zu übersetzen, wie in diesem Fall „Brot des
Angesichts". Erwartungsgemäß wird auch der Tisch, auf dem
das „Brot des Angesichtes" liegt, „Tisch des Angesichtes" genannt (4. Mo. 4,7).

Die Redewendung in Lk. 9,51 ist ein hebräisches „Angesicht"-Idiom. „Sein Angesicht richten auf" bedeutet ganz einfach nur: „sich in die Richtung wenden". Dieses Idiom tritt einige Male im Alten Testament auf (2. Kön. 12,17; Dan. 11,17;
1. Mo. 31,21). Ebenso wie das deutsche Verb „sich wenden"
kann der Ausdruck „sein Angesicht darauf richten" von einem
„zu" im Sinne von „in Richtung auf" oder durch ein „zu" plus
Infinitiv gefolgt werden (d. h. „zu gehen", „zu kommen",
„anzugreifen", etc.) wie in Lk. 9,51.

Offensichtlich hat keiner unserer Übersetzer diese Redewendung in Lk. 9,51 bemerkt. Die meisten Übersetzungen, sogar einige der neuesten, haben das Wort „Angesicht" beibe-

halten und dabei unabsichlich einen Hebraismus überliefert. Einige Übersetzer haben versucht, diesem Ausdruck einen etwas deutschen Anschein zu geben: „richtete er fest entschlossen sein Augenmerk darauf" (Menge); „da war er fest entschlossen" (Ludwig Albrecht); „Er ging mit einem festen Vorsatz" (Weymouth – engl. Übers. – Anm. d. Übers.). Dieser unnötige Nachdruck auf Entschlossenheit führte dann zu der Übersetzung: „Als die Zeit näherkam, daß Jesus in den Himmel aufgenommen werden sollte, entschloß er sich, nach Jerusalem zu gehen" (Die Gute Nachricht). Aus dieser letzten Übersetzung kann man den Eindruck gewinnen, daß Jesus nach so viel Seelengewinnung sich schließlich doch dazu entschloß, endlich die Kreuzigung auf sich zu nehmen – als ob er sich bis dahin nicht hätte entscheiden können.

Die Fassung von Lk. 9,51 illustriert das Geschehen, wenn ein Übersetzer der Evangelien sich völlig auf den griechischen Text verläßt und nicht das Hebräische hinter dem Griechischen ebenfalls betrachtet. Seine Übersetzung wird durch Buchstäblichkeiten wie „Angesicht" undeutlich. Im Fall von Lk. 9,51 wurden viele Übersetzer weiterhin durch das Verb der Redewendung irregeführt. Das Griechische verfügt über mehrere Wörter für „setzen" bzw. in unserem deutschen Text „richten". Da das Wort „setzen" in diesem griechischen Text von Lk. 9,51 als Nuance „festsetzen" oder „einrichten" bedeuten kann, können Übersetzer damit den Gedanken einer *festgesetzten* Absicht hineinlegen. Das hebräische Idiom jedoch besitzt nicht den Begriffsinhalt von Entschiedenheit oder Festigkeit der Absicht.

Was ist nun die zutreffende Übersetzung von Lk. 9,51? Buchstäblich sagt der Text: „Es geschah aber, als sich die Tage seiner Aufnahme erfüllten, da richtete er sein Angesicht fest darauf, nach Jerusalem zu gehen." Das ist gutes Hebräisch, aber schlechtes Griechisch oder Deutsch. Eine genaue deutsche Übersetzung würde sein: „Als die Zeit für ihn gekommen war, in den Himmel aufgenommen zu werden, wandte er sich nach Jerusalem". Mit anderen Worten, als die Zeit gekommen war, ging Jesus. Dieser Vers ist eine einfache Erzählung, eine Be-

schreibung von Ereignissen. Er sollte nicht zu der Aussage ver-
gewaltigt werden, Jesus habe nach einem inneren Kampf
schließlich den Mut gefunden, nach Jerusalem zu gehen.

---

1  Hebräisch ist natürlich nicht die einzige Sprache, die Bezeichnungen von
   Körperteilen in Redewendungen aufgenommen hat. Alle Sprachen tun das
   in einem gewissen Maß, obwohl jede Sprache ihre besonderen Idiome
   hat. Im Englischen haben wir z. B. „ein Ohr leihen", „die Ohren schär-
   fen", „jemandem das Auge geben" und „ein Auge herauslassen". Wir
   lächeln, wenn wir über die buchstäbliche Meinung dieser Idiome ein wenig nachdenken.
2  Wir beobachten das gleiche Idiom („sein Angesicht wandelte") in Lk.
   9,53, unmittelbar nach dem Satz „er setzte sein Angesicht fest darauf, zu
   gehen".

## Kapitel 18

*„In welches Haus ihr aber eintretet,*
*sprecht zuerst, ,Shalom diesem Haus', und*
*wenn dort ein Sohn des Shalom ist,*
*wird euer Shalom auf ihm ruhen; wenn aber*
*nicht, so wird er zu euch zurückkehren."*
(Lk. 10,5-6 – siehe Seite 66)

„Sohn des Friedens" ist eine Redensart, die so im Deutschen nicht existiert. Eine buchstäbliche Übersetzung, wie in den meisten Bibeln, ist wenig hilfreich. Was bedeutet „Sohn des Friedens"?

Einige der neueren englischen Übersetzungen der Bibel haben das Wort gebraucht „Liebhaber des Friedens" (Goodspeed, Good News For Modern Man, Phillips). Während das schon besser in Englisch klingen mag, ist es dennoch keine korrekte Übersetzung des hebräischen Idioms „Sohn des Friedens".

Der weite Bereich der Bedeutung des hebräischen Wortes „Sohn" ist bereits erwähnt worden (siehe Seite 64). Allerdings ist der Bedeutungsinhalt noch viel umfangreicher: „Sohn eines Hauses" ist ein so enger Freund, daß er wie ein Mitglied der Familie angesehen wird; „Sohn des Todes" (1. Sam. 20,31) ist jemand, der es verdient hat, zu sterben oder der zum Tode verurteilt wurde; „Sohn von Gehinnom" ist jemand, der für Gehinnom (Hölle) gebunden wurde; „Sohn einer Unterhaltung" ist ein Partner in der Konversation; „Sohn des Essens" ist etwas, das zum Essen geeignet ist. Und so gibt es viele idiomatische Redewendungen im Hebräischen mit dem Wort „Sohn".

„Sohn des Friedens" bezieht sich nicht auf einen friedliebenden Menschen (obwohl er das vielleicht auch ist), sondern vielmehr auf einen freundlichen Mann, den Mann, der mit anderen gut auskommt. Eine angenehme Person mit einer guten Natur, die ganz einfach andere Leute liebhat. Es ist eine Person mit einer Haltung wie der bekannte Cowboy-Humorist, der verstorbene Will Rogers, der sagte: „Ich habe niemals einen Menschen getroffen, den ich nicht leiden konnte." Natürlich ist ein „Sohn des Friedens" herzlich, warmherzig, gütig und auch gastfreundlich. Jesus weist seine Jünger an, die Familie solch eines Mannes zu segnen. Sie sollen in seinem Haus bleiben, solange sie in der Stadt sind. Sie sollen nicht von Haus zu Haus ziehen. Daraus folgt, daß sie in ein anderes Haus gehen sollten, wenn sie in dem Haus, in das sie hineingekommen sind, einen solchen „Sohn des Friedens" nicht finden würden.

Laßt uns versuchen, das noch besser zu versehen, was Jesus in Lk. 10,5-6 sagte, indem wir frei in Deutsch übersetzen:

> Wenn ihr in ein Haus eingeladet werdet, dann soll euer erster Akt sein, zu sagen, „Friede dieser Familie!" (Buchstäblich „Haus", nicht „Familie", denn in Hebräisch kann „Haus" auch „Haushalt" oder „Familie" bedeuten – siehe die Erklärung auf S. 64). Wenn das Oberhaupt dieses Hauses sich als wirklich freundlich und gastfreundlich erweist (ein „Sohn des Friedens"), dann soll der Segen „Friede", mit dem ihr das Haus betreten habt, auf seiner Familie bleiben. Wenn er nicht freundlich ist, dann zieht euren Segen zurück (und geht zu einem anderen Haus).

„Friede dieser Familie" ist der Segen. Es ist ein Segen des „Shalom" oder „Frieden". Das hebräische Wort „Shalom" hat in seiner Bedeutung Schattierungen, die das deutsche Wort „Friede" nicht besitzt. „Shalom" kann „Sicherheit" bedeuten, wie z. B. in Lk. 11,21: „Wenn der Starke bewaffnet seinen Hof

bewacht, so ist seine Habe in Frieden" (d. h. „sicher"). Ein Jünger Jesu segnet seinen Gastgeber mit Sicherheit: während der
Jünger in einem Haus untergebracht ist, dann ist der Gastgeber
mit seiner Familie sicher und ebenso auch alle seine Besitz-
tümer.

„Shalom" kann auch „Wohlbefinden" oder „Gesundheit"
bedeuten. Der Jünger segnete diesen Gastgeber mit Gesundheit: die Gegenwart des Jüngers bedeutet Schutz gegen Verlet-
zungen und Krankheit. Darüber hinaus können wir mit Sicherheit annehmen, daß er auch die kranken Mitglieder einer
Familie heilte, bei der zu bleiben er eingeladen worden war;
denn jeder Jünger sollte ja auch die Kranken in der Stadt oder
dem Dorf heilen. So bestand sein Segen nicht aus leeren Worten. Er hatte einen wirklichen und fühlbaren Segen weiterzu-
geben, und zwar so, daß der Jünger nach Jesu Worten der Be-
zahlung wert sei (Lk. 10,7). Der Segen, den die Jünger nach
Jesu Worten aussprechen sollten, erinnert uns an eine ähnliche
Segnung der Weisen: „Shalom dir, Shalom deinem Haus (d. h.
Familie), und Shalom allem, was du besitzt."

# Bibliographie

Birkeland, Harris. „The Language of Jesus", *Avhandlinger ut-gitt av det Norske Videnskaps – Akademi i Oslo,* Vol II, No. 1, 1954.

Black, Matthew. *An Aramaic Approach to the Gospels and Acts.* 3rd ed. Oxford, 1967.

Chill, Abraham. *The Mitzvot: The Commandments and Their Rationale.* Jerusalem, 1974.

Grintz, Jehoshua M. „Hebrew as the Spoken and Written Language in the Last Days of the Second Temple", *Journal of Biblical Literature,* Vol. LXXIX, 1960, 32–47.

Hatch, Edwin and Redpath, Henry A. *A Concordance to the Septuagint,* 2 vols. Oxford, 1897.

Lapide, Pinhas, „The Missing Hebrew Gospel", *Christian News From Israel,* Vol. XXIV, 1974, 167–170.

Lindsey, Robert L. *A Hebrew Translation of the Gospel of Mark,* 2nd ed. Jerusalem, 1973.

Meshorer, Ya'akov. *Jewish Coins of the Second Temple Period.* Tel Aviv, 1967.

Milik, J. T. *Ten Years of Discovery in the Wilderness of Judea,* Translated from French by J. Strugnell. London, 1963.

Segal, M. H. *A Grammar of Mishnaic Hebrew.* Oxford, 1927.

Turnel, Nigel. *Grammatical Insights into the New Testament.* Edinburgh, 1965.

Wrede, William. *Das Messiasgeheimnis in den Evangelien,* 2nd ed. Göttingen, 1913.

Yadin, Yigael. *Megillat ha-Miqdash (The Temple Scroll),* 3 vols. Jerusalem, 1977.

Ziegler, I. *Die Königsgleichnisse des Midrasch beleuchtet durch die römische Kaiserzeit. Breslau, 1903.*

## Zentrum für jüdisch-christliche Studien

Das **Center for Judaic-Christian Studies** (Zentrum für jüdisch-christliche Studien) in P. O. Box 293040 Dayton, Ohio, 45429, USA, sieht seine Aufgabe darin, die jüdischen Wurzeln unseres Glaubens zu erforschen und zu verstehen und damit unsere Glaubenserfahrungen zu erweitern und zu bereichern. An der Spitze steht Dwight A. Pryor, der seit Jahren mit namhaften christlichen und jüdischen Gelehrten in Israel und in den Vereinigten Staaten bei der Erforschung des jüdischen Hintergrundes des christlichen Glaubens zusammenarbeitet und die gewonnenen Erkenntnisse bereits an eine große Hörer- und Leserschaft in vielen Ländern weitergegeben hat. Dazu gehören Audio- und Videokassetten sowie schriftliche Publikationen in enger Zusammenarbeit mit der Jerusalem School of Synoptic Research, Jerusalem.

*David Bivin*

David Bivin ist Direktor der Jerusalemer Schule für synoptische Forschung, eines Zusammenschlusses von jüdischen und
christlichen Gelehrten, die eine neue idiomatische englische
Übersetzung der synoptischen Evangelien (Matthäus, Markus,
Lukas) sowie einen Kommentar über das Leben und die Lehren Jesu in ihrem ursprünglichen kulturellen und linguistischen
Kontext vorbereiten. Er ist Herausgeber von Jerusalem Perspective, einer populären zweimonatlich erscheinenden Zeit-
schrift über die laufende Forschung in Israel über die Worte
Jesu.

David Bivin ist in Oklahoma geboren und wohnt seit 1963
in Israel, wo er mit Hilfe eines Stipendiums weiterführende
Studien an der Hebräischen Universität in Jerusalem betrieb.
Von 1970 bis 1981 war er Direktor der Abteilung für Hebräische Sprache des American Ulpan und ebenso Direktor des
Modern Hebrew Department am Institute of Holy Land Studies auf dem Berg Zion. Er ist Autor von Aleph-Bet: Eine Einführung für Anfänger zum Lesen und Schreiben der hebräischen Sprache (Video-Kurs) sowie mit Robert Goldfarb Autor

eines Audio-Heimkurses der hebräischen Sprache Fluent Biblical and Modern Hebrew.

David ist mit seiner Frau Josa Mitglied der Baptistengemeinde in der Narkisstraße in Jerusalem, wo er einen Dienst als Ältester ausübt. Die Bivins wohnen in Mevasseret Zion, einer Ortschaft in der Nähe von Jerusalem.

Als besonderes Einführungsangebot für Leser dieses Buches: Ein Jahresabonnement von Jerusalem Perspective für nur 18,– US $ (norm. 36,– $) unter der Anschrift:

Jerusalem Perspective
P. O. Box 31820
Jerusalem 91317
Israel

*Roy B. Blizzard jr.*

Roy B. Blizzard jr. ist assoziierter Assistenz-Professor im Center for Middle Eastern Studies an der Universität von Texas in Austin. Dr. Blizzard stammt aus Joplin, Missouri, war an der Militärakademie von Oklahoma und erwarb sich den B. A. an der Phlipps Universität in Enid, Oklahoma. Weiterhin ist er im Besitz zweier M. A.-Titel von der Eastern New Mexico University in Portales, New Mexico, sowie der University of Texas in Austin. Dort hat er auch in Hebräisch promoviert. Von 1968 bis Juni 1974 war er Dozent in Hebräisch, Biblischer Geschichte und Biblischer Archäologie an der University of Texas in Austin.

Dr. Blizzard studierte an der Hebräischen Universität in Jerusalem, Israel, im Sommer 1966. Im Sommer 1973 arbeitete er mit an archäologischen Ausgrabungen in Tel Qasile, wo ein Philister-Tempel aus der Zeit um 1200 v. Chr. ausgegraben wurde. 1968, 1971 und 1972 wirkte Dr. Blizzard an Ausgrabungen an der Westmauer des Tempelberges in Jerusalem mit. Einen großen Teil seiner Zeit hat er seither für Studien und Forschungsarbeiten in Israel und dem Nahen Osten verwandt.

Er hat dabei zahlreiche historisch-archäologische Seminare in Israel, Jordanien, Ägypten, in der Türkei, Griechenland und Italien geleitet. Darüber hinaus hat er mehr als 350 Fernsehsendungen über Israel und Judaismus für Trinity Broadcasting Network, Santa Ana, Calif., USA, produziert.

## Die große biblische Erzählreihe

**DER UNTERGANG DER ALTEN WELT**
Ellen Gunderson Traylor
Noah überlebt das Gericht und wird
zum neuen Stammvater der Menschheit.
**Best.-Nr. 20 124** – 320 Seiten

**DER WANDERER GOTTES**
Ellen Gunderson Traylor
Abraham – der Mann, der im Auftrag
Gottes auszog, ohne zu wissen, wohin . . .
**Best.-Nr. 20 084** – 366 Seiten

**VOM SKLAVEN ZUM
STATTHALTER ÄGYPTENS**
Ellen Gunderson Traylor
Joseph – wie Gott durch Träume wirkt.
**Best.-Nr. 20 148** – 312 Seiten

**VOM FINDELKIND
ZUM VOLKSBEFREIER**
Ellen Gunderson Traylor
Mose – Befreier des Volkes Israel.
**Best.-Nr. 20 154** – 352 Seiten

**DER PROPHET UND SEIN FELDHERR**
Ellen Gunderson Traylor
Mose und Josua – Eroberung Kanaans.
**Best.-Nr. 20 157** – 334 Seiten

**STARK DURCH GOTT**
Ellen Gunderson Traylor
Simson – übernatürliche Kraft von Gott.
**Best.-Nr. 20 175** – 336 Seiten

**EIN PROPHET FLIEHT VOR GOTT**
Ellen Gunderson Traylor
Jona – Gottes Prophet in Ninive.
**Best.-Nr. 20 139** – 304 Seiten

**VON MOAB NACH BETHLEHEM**
Lois T. Henderson
Ruth – eine Frau der Treue
und des Glaubens.
**Best.-Nr. 20 097** – 304 Seiten

**ENTSCHEIDUNG AUF DEM KARMEL**
William H. Stephens
Elia – der Feuerprophet Israels.
**Best.-Nr. 20 029** – 312 Seiten

**EIN FÜRST UNTER DEN PROPHETEN**
Constance Head
Jesaja – der Prophet des Evangeliums.
**Best.-Nr. 20 165** – 330 Seiten

**DER SCHWERE WEG**
Gini Andrews
Esther – eine tapfere Frau rettet ihr Volk.
**Best.-Nr. 20 104** – 308 Seiten

**DER SOHN DES DONNERS**
Ellen Gunderson Traylor
Johannes – ein Fischer vom See
in Galiläa wird zum Apostel der Liebe.
**Best.-Nr. 20 109** – 328 Seiten

**DER AUGENZEUGE**
Ellen Gunderson Traylor
Markus – wie das Markus-Evangelium entstand.
**Best.-Nr. 20 145** – 328 Seiten

**DIE PURPURHÄNDLERIN VON PHILIPPI**
Lois T. Henderson
Lydia – wie das Evangelium
nach Europa kam.
**Best.-Nr. 20 120** – 324 Seiten

**DER HAUSBIBELKREIS IN EPHESUS**
Lois T. Henderson und Harold Ivan Smith
Priscilla und Aquila – Bibellehrer
unter den ersten Christengemeinden.
**Best.-Nr. 20 133** – 316 Seiten

**FLUCHT AUS EPHESUS**
Lance Webb
Onesimus – ein Sklave,
der zweifache Freiheit fand (Band 1).
**Best.-Nr. 20 161** – 330 Seiten

**REBELL UND MÄRTYRER**
Lance Webb
Onesimus – Bischof von Ephesus
und Märtyrer (Band 2).
**Best.-Nr. 20 162** – 320 Seiten

**JERUSALEM – DIE STADT GOTTES**
Ellen Gunderson Traylor
5000 Jahre Geschichte der Heiligen Stadt.
**Best.-Nr. 20 187** – 586 Seiten

---

**Bitte fragen Sie in Ihrer Buchhandlung nach diesen Büchern!
Oder schreiben Sie an den Leuchter-Verlag, Postfach 1161, D-64386 Erzhausen.**

### Ted Miller
# Die Geschichte aus dem Buch
*Die chronologische Geschichte der Bibel*

Paperback · 510 Seiten
Nr. 20 135 · ISBN 3-87482-135-8

Die Bibel ist das meistgelesene Buch der Welt, auch heute noch! Sie ist aufgeteilt in viele einzelne Bücher, die jeweils Teile der großen Offenbarung berichten, die Gott uns Menschen in der Bibel zuteil werden ließ. Es ist Gottes Botschaft an die Menschheit und gleichzeitig ein dramatischer historischer und prophetischer Überblick über die Menschheitsgeschichte.

Viele Menschen haben deshalb schon den Wunsch gehabt, die große Geschichte der Bibel einmal durchgehend in chronologischer Reihenfolge lesen zu können, um zum Beispiel zu wissen, in welche Zeit die einzelnen Propheten im Ablauf der Geschichte gehören, und andere Ereignisse.

Mit dem Buch „Die Geschichte . . .“ wird das möglich. Wir bekommen hier den Ablauf der Menschheitsgeschichte, so wie ihn die Bibel uns berichtet, zusammenhängend und chronologisch geordnet, in die Hand, von der Anfangsschöpfung Gottes und der Erschaffung des Menschen bis zum Ablauf unseres Zeitalters und dem großen Neuanfang, den Gott schenken wird und von dem der Apostel Johannes sagt: „Ich sah einen neuen Himmel und eine neue Erde.“

Wer den geschichtlichen Bericht der Bibel einmal von Anfang bis Ende in einer ganz neuen Weise lesen möchte, muß sich dieses Buch zulegen. Den meisten Bibellesern werden viele Zusammenhänge hier ganz neu groß werden. Und auch Menschen, die sich bisher für die Bibel noch nicht interessierten, werden durch „Die Geschichte . . .“ einen Zugang zu dem Buch der Bücher finden.

---

**Bitte fragen Sie in Ihrer Buchhandlung nach diesem Buch!**
**Oder schreiben Sie an den Leuchter-Verlag, Postfach 1161, D-64386 Erzhausen.**

### Bruce Reekie
# Der Heilige Geist und Israel

*Israels Hinwendung zu Jesus Christus*

Paperback · 216 Seiten
Nr. 20181 · ISBN 3-87482-181-1

Bei den vielen neuen Büchern, auch auf christlichem Gebiet, die in unserer Zeit erscheinen, gibt es kaum noch ein Thema, das noch nicht ausführlich behandelt worden wäre. Doch von diesem Buch hier kann man es sagen. Gewiß, es ist ein Buch, das sich mit Israel beschäftigt, und davon gibt es viele. Doch der Verfasser greift hier ein Thema auf, das gewöhnlich ausgelassen wird, schon allein deshalb ist dieses Buch höchst interessant.

Dem Verfasser geht es in diesem Buch um die Tatsache, daß Israel seinen wahren Messias und Erlöser noch nicht erkannt hat und daß „noch eine Decke vor den Augen dieses Volkes hängt", wie der Apostel Paulus es ausdrückt. Leider ist es ja eine Wahrheit, daß der größte Teil des Volkes Israel es bis heute ablehnt, Jesus Christus als ihren Messias anzuerkennen.

Doch andererseits ist und bleibt Israel Gottes auserwähltes Volk für diese Erde, deshalb sollte jeder Christ erkennen, welche Absichten Gott noch mit Israel hat. Dieses Buch beschäftigt sich nicht mit den so scheinbar unlösbaren und verwickelten Verhältnissen im Nahen Osten, in deren Mittelpunkt Israel steht, sondern es eröffnet uns eine prophetische Schau der Absichten Gottes mit Israel in der Endzeit.

Die Propheten Israels verheißen seit Jahrtausenden, daß Gott in der letzten Zeit Seinen Heiligen Geist auf das Haus Davids und auf die Einwohner von Jerusalem ausgießen wird. Und diese prophetischen Voraussagen sind der zentrale Punkt dieses Buches. Jedem Leser werden sich hier ganz neue Einblicke in die Prophetie der Bibel eröffnen.

---

**Bitte fragen Sie in Ihrer Buchhandlung nach diesem Buch!**
**Oder schreiben Sie an den Leuchter-Verlag, Postfach 1161, D-64386 Erzhausen.**